Butler · McManus | Psychologie

Reclam Sachbuch premium

Gillian Butler
Freda McManus

Psychologie

Eine Einführung

Aus dem Englischen übersetzt
von Berta Lenzer und Valerie Gföhler

Reclam

Titel der englischen Originalausgabe:
Gillian Butler / Freda McManus:
Psychology. A Very Short Introduction.

4., vollständig überarbeitete Auflage

RECLAMS UNIVERSAL-BIBLIOTHEK Nr. 14217
2003, 2022 Philipp Reclam jun. Verlag GmbH,
Siemensstraße 32, 71254 Ditzingen
info@reclam.de

Gestaltung: Cornelia Feyll, Friedrich Forssman
Druck und Bindung: Esser printSolutions GmbH,
Untere Sonnenstraße 5, 84030 Ergolding
Printed in Germany 2025
RECLAM, UNIVERSAL-BIBLIOTHEK und
RECLAMS UNIVERSAL-BIBLIOTHEK sind eingetragene Marken
der Philipp Reclam jun. GmbH & Co. KG, Stuttgart
ISBN 978-3-15-014217-2
reclam.de

Inhalt

1

Was ist Psychologie? Wie studiert man sie?

1890 definierte William James, der amerikanische Philosoph und Arzt und einer der Begründer der modernen Psychologie, die Psychologie als »die Wissenschaft vom Seelenleben«, und diese Definition ist selbst heute noch ein guter Ausgangspunkt für unser Verständnis. Wir alle haben ein Seelenleben und daher eine ungefähre Vorstellung davon, was dies bedeutet. Es kann sowohl bei Ratten oder Affen als auch bei Menschen erforscht werden. Jedoch ist das nur ein Ausgangspunkt. – Neue Möglichkeiten, das Gehirn zu erforschen und seine Strukturen und Funktionsweisen zu verstehen, liefern uns faszinierende Informationen über die Faktoren, die unser geistiges Leben bestimmen. Die Verbesserung der Technologien bedeutet, dass Hirnaktivitäten nun objektiv beobachtet und gemessen werden können. Dennoch gibt es vieles, was wir über die Beziehungen zwischen subjektiver Erfahrung und dem Gehirn nicht wissen, und Psychologen stellen nach wie vor Hypothesen oder sachkundige Vermutungen darüber an, wie die zwei Arten des Wissens – das subjektive und das objektive – miteinander verknüpft sind.

Wie die meisten Psychologen interessierte sich William James besonders für die Psyche des Menschen, von der er annahm, dass sie aus bestimmten Grundelementen besteht: Gedanken und Gefühle, eine physische Welt, die in Zeit und Raum existiert, und eine bestimmte Art und Weise, etwas über diese Dinge zu wissen. Für jeden von uns entspringt dieses Wissen aus unseren Wechselbeziehungen mit den physischen und sozialen Welten, in denen wir leben, und aus Gedanken und Gefühlen, die mit diesen Erfahrungen verbunden sind. Aus diesem Grund fällt es uns leicht, mit unserer eigenen Erfahrung als Prüfstein Urteile in psychologischen Angelegenheiten zu fällen. Schon wenn wir eine Meinung zu komplexen psychologischen Phänomenen wie der Möglichkeit von Gehirnwäsche etwa äußern, verhalten wir uns wie Amateurpsychologen. Wir tun dies auch dann, wenn wir Meinungen darüber äußern, warum andere Menschen sich so oder so verhalten – zum Beispiel beleidigt reagieren, traurig sind oder plötzlich ihre Arbeitsstelle aufgeben. Probleme ergeben sich jedoch erst, wenn zwei Menschen solche Dinge unterschiedlich interpretieren. Die offizielle Psychologie versucht, Methoden zur Verfügung zu stellen, die die Entscheidung möglich machen, welche der Erklärungen wohl die richtige ist, oder die die Umstände festlegen, unter denen jede einzelne von ihnen zutrifft. Die Arbeit der Psychologen hilft uns, zwischen subjektiven Insider-Informationen und den objektiven Fakten zu unterscheiden. Wir können zwischen unserer vorgefassten Meinung und dem differenzieren, was wissenschaftlich gesehen »wahr« ist.

Die Psychologie, wie sie von William James definiert wurde, hat mit dem Denken und Fühlen zu tun. Bis vor kurzem war es nicht möglich, das lebendige menschliche Gehirn direkt zu untersuchen. Deshalb studierten Psychologen unser Verhalten und nutzten ihre Beobachtungen, um aus diesen Hypothesen darüber abzuleiten, was im Inneren passiert. Inzwischen ist unser Wissen über die Funktionsweisen des Gehirns gewachsen und bildet ein echtes wissenschaftliches Fundament, um einige Aspekte unseres

Abb. 1: William James (1842–1910)

geistigen Lebens zu begreifen. So spannend das auch sein mag, gibt es dennoch nach wie vor vieles zu erforschen, bevor wir behaupten können, Variationen des Erlebens und Beschreibens unserer Hoffnungen, Ängste und Wünsche oder bei unserem Verhalten während so unterschiedlicher Erfahrungen wie dem Gebären eines Kindes oder dem Besuch eines Fußballspiels zu verstehen.

Bei der Psychologie geht es auch um die Art und Weise, in der Organismen – gewöhnlich Menschen – ihre geistig-seelischen Fähigkeiten einsetzen, um in ihrer Umwelt zurechtzukommen. Die Methoden haben sich im Laufe der Zeit geändert, ebenso wie sich auch die soziale und physische Umwelt geändert hat. Die Evolutionstheorie geht davon aus, dass Organismen, die sich nicht an die Veränderungen ihrer Umwelt anpassen, aussterben (daher kommen Wendungen wie »Der Angepasste überlebt« oder »Überleben des Stärkeren«). Wir wurden und werden immer noch durch Anpassungsprozesse geformt. Das heißt, es gibt Gründe für die Art und Weise, wie unsere Gehirne und unser Bewusstsein funktionieren. Zum Beispiel kann der Grund dafür, warum wir sich bewegende Gegenstände besser ausmachen als ruhende Gegenstände, darin liegen, dass diese Fähigkeit unseren Vorfahren half, Raubtieren oder Feinden zu entgehen. Es ist sowohl für Psychologen als auch für andere Wissenschaftler wichtig, sich dieser Gründe bewusst zu sein.

Eine mit dem Studium der Psychologie einhergehende Schwierigkeit besteht darin, dass wissenschaftliche Fakten objektiv und nachprüfbar sein sollten, die Vorgänge im Hirn sich jedoch nicht in der Weise beobachten lassen wie die in einem Motor. Nur durch die Entwicklung zahlreicher spezieller Techniken sind Wissenschaftler in der Lage, diese eingehend zu studieren, von denen einige in diesem Buch beschrieben werden. Im Alltagsleben lassen sie sich nur indirekt wahrnehmen. Aus den Beobachtungen müssen Rückschlüsse gezogen werden. Die Bemühungen der Psychologen gleichen dabei in vielem denen beim Lösen eines Kreuzworträtsels. Man muss direkt Greifbares, Auffälliges einschätzen und interpretieren und die Lücken mit Hilfe dessen füllen, was man schon weiß. Außerdem muss dies Auffällige sich auf sorgfältige Beobachtungen und präzise Messungen stützen, mit wissenschaftlicher Genauigkeit analysiert und in logischer und vernünftiger Beweisführung interpretiert werden, die einer öffentlichen Überprüfung unterzogen werden kann. Nur ein Teil von dem, was wir in der Psychologie verstehen wollen – wie wir wahrnehmen, lernen, erinnern, denken, Probleme lösen, fühlen, uns entwickeln, uns voneinander unterscheiden und miteinander in Beziehung treten –, kann direkt erfasst werden. All diese Aktivitäten sind *mehrfach determiniert*, d. h., sie werden nicht durch einen, sondern durch mehrere Faktoren bestimmt. Man denke nur an all die Dinge, die eine Reaktion auf eine bestimmte Situation (etwa die, sich in einer fremden Stadt zu verfahren) beeinflussen könnte. Um herauszufinden, welche Faktoren relevant sind, müssen etliche andere verwirrende Faktoren irgendwie ausgeschlossen werden.

Komplexe Interaktionen sind in der Psychologie eher die Regel als die Ausnahme, ihr Verständnis hängt von der Entwicklung spezieller Techniken und Theorien ab. Die Psychologie hat dieselben Ziele wie viele andere Wissenschaften auch. Sie will die Vorgänge, die sie untersucht, beschreiben, verstehen und voraussagen. Sobald diese Ziele erreicht sind, kann die Psychologie uns helfen, das Wie unseres Erlebens besser zu verstehen. Dann wäre sie auch von praktischem Nutzen. Psychologische Forschungsergebnisse haben zum Beispiel in so unterschiedlichen Bereichen Einsatz gefunden wie in der Entwicklung effektiverer Methoden, Kindern das Lesen beizubringen, beim Entwerfen von Schalttafeln für Maschinen, die durch ihren speziellen Aufbau das Risiko von Unfällen senken sollen, und bei der Linderung des Leids von Menschen in seelischer Not.

Geschichtlicher Hintergrund

Obwohl seit Jahrhunderten psychologisch relevante Fragen diskutiert werden, werden sie doch erst seit dem 19. Jahrhundert wissenschaftlich untersucht. Psychologen verließen sich vor dieser Zeit auf *Introspektion*, d. h. die Beobachtung des eigenen bewussten Erlebens, um Antworten auf psychologisch motivierte Fragen zu finden. Diese frühen Untersuchungen waren darauf ausgerichtet, psychische Strukturen zu erkennen. Doch nach dem Erscheinen von Charles Darwins *Die Entstehung der Arten* 1859 erweiterte sich das Spektrum der Psychologie und schloss Fragen nach den *Funktionen*, nicht nur den *Strukturen* des Bewusstseins ein. Für Psychologen sind auch heute noch die psychischen Funktionen und Strukturen von zentralem Interesse, doch haben sie die unüberschreitbaren Grenzen der Introspektion als Untersuchungsmethode erkannt. Laut Sir Francis Galton macht sie uns »zum hilflosen Zuschauer eines winzigen Bruchteils automatischer Hirnaktivitäten«. Der Versuch, die Bewusstseinsprozesse durch Introspektion verstehen zu wollen, sei, so William James, »als drehe man das Gaslicht schnell hoch, um zu sehen, wie die Dunkelheit aussieht«. Statt auf Reflexionen über das eigene Erleben stützen heutige Psychologen ihre Theorien darauf, die für sie interessanten Phänomene wie zum Beispiel das Verhalten anderer sowie die Tätigkeiten ihrer Gehirne sorgfältig zu beobachten.

1913 veröffentlichte John Watson ein allgemeines behavioristisches Manifest für die Psychologie: Falls die Psychologie als Wissenschaft gelten wolle, müssten die *Daten*, auf die sie sich stützt, überprüfbar sein. Diese Konzentration auf beobachtbares Verhalten anstelle von inneren (nicht beobachtbaren) geistig-seelischen Vorgängen war verknüpft mit einer Theorie des Lernens und einer Betonung zuverlässiger Beobachtungs- und Versuchsmethoden, die auch heute noch Einfluss auf die Psychologie haben. Der behavioristische Ansatz etwa legt nahe, dass sämtliche Verhaltensweisen auf *Konditionierung* zurückzuführen sind. Diese Konditionierung lässt sich untersuchen, indem man einen bestimmten Reiz (*Stimulus*) herausgreift und die Reaktion auf diesen (*Response*) beobachtet (*Reiz-Reaktions-Psychologie*). Das, was zwischen Reiz und dazugehöriger Reaktion geschieht, die *Intervenierende Variable*, wurde von den frühen Verhaltensforschern für unwichtig gehalten, ist inzwischen jedoch eine Hauptquelle für experimentelle Hypothesen. Die Überprüfung von Hypothesen über diese Dinge hat es Psychologen ermöglicht, zunehmend komplexe Theorien über psychische Strukturen, Funktionen und Vorgänge zu entwickeln.

Zu Anfang des 20. Jahrhunderts beeinflussten besonders die *Gestaltpsychologie* und die *Psychoanalyse* die Entwicklung der Psychologie. In Deutschland arbeitende Gestaltpsychologen machten einige interessante Entdeckungen darüber, wie psychische Prozesse organisiert sind. Sie zeigten, dass unsere Erfahrung nicht lediglich auf den physikalischen Eigenschaften äußerer Reize aufbaut, und schlossen daraus, dass »das Ganze größer ist als die Summe seiner Bestandteile«. Wenn zum Beispiel zwei nah beieinanderliegende Lichtquellen abwechselnd aufblinken, dann sehen wir nur ein Licht, das sich zwischen zwei Positionen hin- und herbewegt (auf diesem Prinzip beruht etwa der Film). Die Erkenntnis, dass innere Vorgänge derart zum Wie des Erlebens beitragen, leistete die Vorarbeit für heutige Entwicklungen in den Zweigen der Psychologie, die sich ausschließlich mit diesen inneren Prozessen befassen.

Sigmund Freuds Theorie von dem fortgesetzten Einfluss früher Kindheitserlebnisse und von den abstrakten psychischen Strukturen, die er *Ich*, *Es* und *Über-Ich* nannte, lenkte die Aufmerksamkeit auf *unbewusste* Prozesse. Diese Vorgänge, zu denen unbewusste und verdrängte Wünsche und Bedürfnisse zählen, lassen sich zum Beispiel aus Träumen, Versprechern und seltsamen Angewohnheiten ableiten und scheinen das Verhalten zu beeinflussen. Man nimmt an, dass unbewusste Konflikte der Hauptgrund für psychische Leiden sind. Psychoanalytiker versuchen, zu deren Linderung beizutragen, indem sie dazu anregen, diese Konflikte in Worte zu fassen, und indem sie auf ihren Theorien aufbauende Interpretationen anbieten. Die Theorien zu psychischen Vorgängen, die nicht beobachtbar sind, führten jedoch nicht zu überprüfbaren Vorhersagen und sind dafür möglicherweise nicht präzise oder spezifisch genug: Die naturwissenschaftlichen und die interpretativen Zweige der Psychologie entwickelten sich in der Folge völlig unabhängig voneinander.

Die Psychologie befindet sich heute in einer aufregenden Phase, nicht zuletzt deshalb, weil diese Unterteilungen an vielen Stellen zusammenbrechen. Wir wissen inzwischen viel darüber, was in unserem Inneren »außerhalb des Bewusstseins« vor sich geht, doch verwenden wir andere Theorien, um diese Erkenntnisse zu erklären. Die Psychologie ist nicht die einzige Disziplin, die sich mit Fragen befassen muss, bei denen es um Dinge geht, die wir nicht direkt beobachten können – man denke nur an Physik und Biochemie. Technologische Fortschritte und Fortschritte in der Theoriebildung haben diesen Vorgang beschleunigt, und solche Entwicklungen haben die Psychologie als Wissenschaft verändert und verändern sie weiterhin. Durch den Einsatz von komplexen Messinstrumenten, elektronischen Geräten und verbesserten statistischen Methoden können Psychologen heute verschiedenste Variablen und riesige Mengen an Daten analysieren. Beobachtungen des Gehirns bei der Arbeit, wie zum Beispiel durch die Verwendung eines fMRI-Scanners, und die Erforschung des Bewusstseins als ein *Informationsverarbeitungssystem* hat es den Psychologen ermöglicht, mehr über die Dinge herauszufinden, die man zuvor nicht beobachten konnte, und dadurch näher zu bestimmen, was zwischen einem bestimmten Reiz und der Reaktion auf ihn passiert, wenn wir z. B. etwas wahrnehmen, auf etwas unsere Aufmerksamkeit richten, über etwas nachdenken oder etwas entscheiden. Heute sind sie in der Lage, ihre Hypothesen auf Daten, die mit *zuverlässigen* und *stichhaltigen* Beobachtungs- und exakten Messmethoden gewonnen wurden, zu stützen. Diese Entwicklungen haben zu einer Revolution in der Psychologie als der »Wissenschaft vom Seelenleben« geführt und es Psychologen ermöglicht, mit Wissenschaftlern in den unterschiedlichsten Disziplinen wie etwa der Chemie oder der Computerwissenschaft zusammenzuarbeiten.

Psychologie als eine kognitive Wissenschaft

Die Kognitionswissenschaft ist das interdisziplinäre Studium des Bewusstseins und seiner Prozesse. Ihre Erkenntnisse haben sich so rasch verbreitet, dass »man inzwischen sagen kann, es habe eine »kognitive Revolution« stattgefunden. George A. Miller entwarf 2003 ein Diagramm, um die verschiedenen Bereiche zu illustrieren – darunter auch die Psychologie –, die zur Geburt der Kognitionswissenschaft beigetragen haben. Abb. 2 zeigt eine Übernahme dieses Diagramms. Die Arbeit der Psychologen ist somit heute eng mit der Arbeit anderer Wissenschaftler verbunden und wirkt beispielsweise bei der wissenschaftlichen Untersuchung des Nervensystems, also: der Neurowissenschaft, mit. Laut dem Nobelpreisträger Eric Kandel beschäftigt sich die kognitive Neurowissenschaft mit Wahrnehmung, Handlung, Gedächtnis, Sprache und selektiver Aufmerksamkeit – alles zentrale Themen der Psychologen. Kognitive Neuropsychologie zielt darauf ab, zu verstehen, wie die Struktur und Funktion des Gehirns mit diesen psychischen Vorgängen in Verbindung stehen.

Doch können einige der Dinge, für die Psychologen sich interessieren, allein mit Hilfe wissenschaftlicher Methoden nicht verstanden werden. Vielleicht wird das auch nie möglich sein. Die *humanistische Schule* der Psychologie legt zum Beispiel größeren Wert auf die individuelle Darstellung

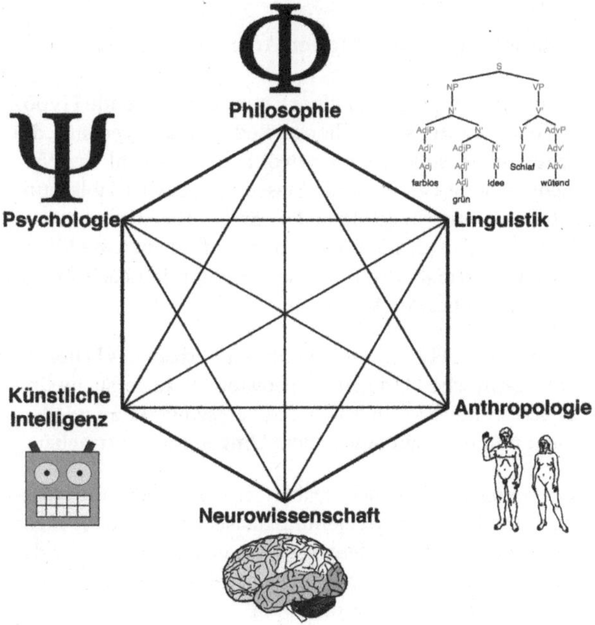

Abb. 2: Bereiche, die in der Kognitionswissenschaft mitwirken

subjektiver Erfahrungen sowie auf qualitative und quantitative Analysemethoden. Einige der typischerweise von Psychologen verwendeten Methoden sind in Kasten 1.1 aufgelistet. Oft können Methoden fruchtbar miteinander kombiniert werden. Das, was zum Beispiel aus quantitativen Methoden wie Fragebögen entnommen wird, kann durch den Einbezug einer qualitativen Komponente erweitert werden: Ergebnisse eines Fragebogens können uns sagen,

Kasten 1.1 Die wichtigsten Arbeitsmethoden

Laborversuche: Eine auf einer Theorie aufbauende Hypothese wird unter kontrollierten Bedingungen getestet, die sicherstellen sollen, dass sowohl die Auswahl der Versuchspersonen als auch die Messungen der Variablen unvoreingenommen erfolgen. Die Ergebnisse sollten reproduzierbar, jedoch nicht unbedingt auf lebensnahe Situationen übertragbar sein. Diese schließen Beobachtungen des Gehirns bei der Arbeit ein.

Feldversuche: Hypothesen werden außerhalb des Labors in einer natürlichen Umgebung getestet. Diese Versuche sind jedoch weniger leicht kontrollierbar, schwerer zu wiederholen und nicht auf eine andere Umgebung übertragbar.

Korrelierende Methoden: Dabei geht es um die Einschätzung der Stärke der Beziehung zwischen zwei oder mehr Variablen, wie etwa dem Leseniveau und der Dauer der Aufmerksamkeit. Die Methode ähnelt eher einer Datenanalyse als einer Datensammlung.

Beobachtungen des Verhaltens: Das zu untersuchende Verhalten muss vorher klar definiert, die Beobachtungsmethoden müssen zuverlässig und die Beobachtungen wirklich repräsentativ für das Verhalten sein.

Fallstudien: Diese sind besonders hilfreich etwa nach einem Hirnschaden eines Patienten als Ideenquelle für spätere Forschung und zum wiederholten Messen desselben Verhaltens unter unterschiedlichen Bedingungen.

Selbsteinschätzungs- und Fragebogenstudien: Diese liefern subjektive Daten, die auf Selbsteinschätzung (oder Introspektion) aufbauen. Ihre Zuverlässigkeit (oder Reliabilität) lässt sich durch einen guten Testaufbau und die Standardisierung der Tests bei großen, repräsentativen Stichproben sicherstellen.

Umfragen: Solche Techniken sind ebenfalls nützlich, um neue Ideen zu sammeln und Stichproben aus demjenigen Teil der Bevölkerung zu erheben, für den sich ein Psychologe jeweils interessiert.

Interviews: Diese stellen die Quelle für qualitative Daten über menschliches Verhalten dar, die dafür verwendet werden können, erste Eindrücke zugrunde liegender Prozesse abzuleiten.

dass der Zustand von Patienten, die Behandlung A erhalten haben, sich stärker gebessert hat als von denjenigen, die Behandlung B erhielten. Die qualitative Analyse semi-strukturierter Interviews könnte uns hingegen dabei helfen zu verstehen, wie Behandlung A geholfen hat, und welche Auswirkungen die jeweiligen Behandlungen auf die Patienten hatten, um auf diese Weise eine weitere Verfeinerung der Eingriffsmöglichkeiten zu ermöglichen.

Jede Wissenschaft ist nur so gut wie die Daten, auf die sie sich bezieht. Psychologen müssen daher beim Sammeln von Daten, beim Analysieren, Interpretieren, Verwenden von Statistiken und beim Interpretieren der Ergebnisse ihrer Analysen möglichst objektiv vorgehen. Hier ein Beispiel, um zu zeigen, wie Daten, die zuverlässig und korrekt gesammelt wurden, dennoch fehlerhaft interpretiert werden können. Wenn 90 % all derjenigen, die Kindern sexualisierte Gewalt antun, selbst als Kinder solche Erfahrungen machen mussten, liegt es nahe anzunehmen, dass die meisten Menschen, die als Kinder sexualisierte Gewalt erfahren mussten, selbst zu Kinderschändern werden – und solche Berichte finden sich tatsächlich häufig in den Medien. In Wirklichkeit folgt die Interpretation jedoch nicht logisch zwingend aus den vorhandenen Informationen – die meisten Menschen, die sexualisierte Gewalt erfahren mussten, wiederholen dieses Verhaltensmuster eben nicht. Psychologen müssen als Forscher deswegen lernen, wie sie ihre Daten auf objektive Art und Weise darlegen, so dass keine Missverständnisse entstehen können. Ebenso müssen sie lernen, die von anderen veröffentlichten Fakten und Zahlen zu interpretieren. Dafür ist ein hohes Maß an kritischem, wissenschaftlichem Denken nötig.

Die Hauptzweige der Psychologie

Manchmal wird behauptet, die Psychologie sei keine Wissenschaft, weil sie nicht auf einem einzelnen Leitparadigma oder theoretischen Prinzip aufbaue. Vielmehr sei sie nur aus vielen lose verbundenen Lehrmeinungen zusammengesetzt. Doch das ist angesichts der Materie, mit der sie befasst ist, vielleicht unvermeidlich. Wer die Physiologie, die Biologie oder die Chemie eines Organismus untersucht, konzentriert sich auf einen bestimmten Ausschnitt in genauer Abgrenzung, der dem Psychologen nicht zur Verfügung steht, gerade weil er an psychischen Prozessen interessiert ist, die

Kasten 1.2 Die Hauptzweige der Psychologie

Psychopathologischer Zweig: befasst sich mit psychischen Funktionsstörungen und wie man diese überwinden kann.

Behavioristischer Zweig: betont das Verhalten, das Lernen sowie das Sammeln von Daten, die direkt beobachtet werden können.

Biologischer Zweig (und *Vergleichende Psychologie*): untersucht die psychischen Prozesse verschiedener Arten und Spezies, deren Vererbungsmuster und bestimmende Faktoren für das Verhalten.

Kognitiver Zweig: konzentriert sich darauf, wie Informationen gesammelt, verarbeitet, verstanden und benutzt werden.

Entwicklungspsychologischer Zweig: untersucht, wie Organismen sich im Laufe ihres Lebens ändern.

Differentielle Psychologie: befasst sich mit dem Studium großer Gruppen von Menschen, um typische Unterschiede, zum Beispiel in Bezug auf die Intelligenz oder den Charakter, zu identifizieren und zu verstehen.

Physiologischer Zweig: befasst sich mit dem Einfluss des körperlichen Zustands auf die Psyche und die Funktionen der Sinne, des Nervensystems und des Gehirns.

Sozialpsychologischer Zweig: untersucht das Sozialverhalten und die Interaktionen bzw. Wechselbeziehungen zwischen Individuen und Gruppen.

sich von den anderen Aspekten des Organismus nicht trennen lassen. Man kann das Studium der Psychologie aus vielen Richtungen angehen, etwa eher künstlerisch oder eher wissenschaftlich. Die verschiedenen Zweige des Fachs mögen deshalb zuweilen wie völlig eigenständige Gebiete anmuten. Die Hauptzweige sind in Kasten 1.2 aufgeführt. In der Praxis gibt es aber beträchtliche Überschneidungen zwischen den verschiedenen Zweigen der Psychologie und zwischen der Psychologie und verwandten Gebieten.

Nahe Verwandte der Psychologie

Es gibt einige Gebiete, mit denen die Psychologie häufig verwechselt wird – und es gibt in der Tat gute Gründe für diese Verwechslungen. Zum einen ist Psychologie nicht mit der Psychiatrie gleichzusetzen. Die Psychiatrie ist ein Zweig der Medizin, der darauf spezialisiert ist, Menschen zu helfen, psychische Störungen zu bewältigen. Sie konzentriert sich daher auf das, was passiert, wenn etwas schiefgeht: auf psychische Erkrankungen und psychische Störungen. Auch Psychologen arbeiten im Krankenhaus, doch sie sind keine Mediziner und verbinden mit ihrem Interesse an psychischen Problemen und ihrer Einsicht in das Leid daran ein breites Wissen über gesunde psychische Vorgänge und Entwicklungen. Sie dürfen meist keine Medikamente verschreiben; sie sind vielmehr darauf spezialisiert, Menschen zu helfen, ihr Denken oder Verhalten zu verstehen, zu kontrollieren oder zu verändern, um dadurch ihr Leid zu lindern.

Zum anderen wird die Psychologie oft mit Psychotherapie verwechselt. Psychotherapie ist ein weiter Begriff, der viele Therapieformen umfasst, sich aber nicht ausschließlich auf nur eine bestimmte Form bezieht. Obwohl der Begriff oft auf psychodynamische und humanistische Therapieansätze angewendet wird, hat er doch auch eine weiter gefasste, allgemeinere Verwendung. In jüngster Zeit hat zum Beispiel die kognitive Verhaltenstherapie immer weitere Verbreitung gefunden.

Drittens gibt es, neben der Neuropsychologie, viele verwandte Bereiche, in denen Psychologen arbeiten oder in denen sie mit anderen zusammenarbeiten können, so etwa in der Psychometrie, Psychophysiologie und Psycholinguistik. Psychologen spielen auch in interdisziplinären Bereichen, die sich noch in der Entwicklung befinden, eine Rolle. Dazu gehören etwa die Erkenntnistheorie, die Informationstechnologie oder das Verständnis psychophysiologischer Aspekte von Phänomenen wie Stress, Erschöpfung oder Schlaflosigkeit. Die Klinische Psychologie ist wohl bekannter, doch ist sie lediglich ein weiterer Zweig.

Ziele und Aufbau dieses Buches

Unser Ziel ist die Erklärung und Veranschaulichung dessen, was die Psychologie heute interessant, wichtig und nützlich macht. Da sich die meisten Psychologen für Menschen interessieren, werden die Beispiele hauptsächlich aus der Humanpsychologie herangezogen. Das Buch geht von der Annahme aus, dass man nur dann eine Psyche haben kann (d. h. keine Pflanze oder Amöbe ist), wenn man auch über ein inneres Kontrollsystem verfügt, das es dem Organismus ermöglicht, sowohl in der Welt als auch auf sie zu wirken. Haben sich das Gehirn und das Nervensystem erst einmal so weit entwickelt, dass sie als Kontrollzentrum dienen können, gibt es bestimmte Dinge, wozu dieses System in der Lage sein muss. Dazu gehört es, Informationen über die Außenwelt zu sammeln, sie in sich aufzunehmen, für späteren Gebrauch zu speichern und dazu zu benutzen, das eigene Verhalten so zu gestalten, dass das System vereinfachend gesagt mehr von dem erhält, was es will, und weniger von dem, was es nicht will. Unterschiedliche Organismen tun dies auf unterschiedliche Weise (weil sie zum Beispiel unterschiedliche Sinnesorgane haben). Dennoch ähneln sich einige der Vorgänge artenübergreifend, betrachtet man etwa manche Arten von Lernvorgängen und manche Formen, Gefühle auszudrücken. Eine der zentralen Aufgaben von Psychologen ist es, herauszufinden, wie es zu diesen Gemeinsamkeiten kommt. Kapitel 2–5 konzentrieren sich also auf die vier wichtigsten Fragen, die Psychologen stellen können: Was gelangt in unser Bewusstsein? Was bleibt dort? Wie nutzen wir, was im Bewusstsein ist? Warum tun wir das, was wir tun? In diesen Kapiteln soll gezeigt werden, wie Psychologen etwas über die bei der sinnlichen Wahrnehmung und Aufmerksamkeit (Kapitel 2), Lernen und Gedächtnis (Kapitel 3), Denken, Argumentieren und Kommunizieren (Kapitel 4) und Motivation und Emotion (Kapitel 5) beteiligten Vorgänge herausfinden. Es soll weiterhin versucht werden zu erklären, wie dies bei uns funktioniert. Diese Kapitel befassen sich mit allgemeinen Aspekten, nämlich mit den Gemeinsamkeiten zwischen Menschen. Sie haben zum Ziel, unsere »Innenausstattung« zu beschreiben und einige der von Psychologen aufgestellten Hypothesen und ein paar der Modelle zu betrachten, die sie konstruiert haben, um ihre Beobachtungen zu erläutern.

Psychologen sind auch an den Unterschieden zwischen Menschen und den Gründen für diese offensichtliche Vielfalt interessiert. Wenn wir die Menschen besser verstehen wollen, müssen wir lernen, die allgemeinen Einflüsse von den individuellen zu trennen. Wenn es nur allgemeingültige Muster und Regeln gäbe und wir alle über dieselbe Innenausstattung verfügten, wären alle Menschen psychisch gesehen identisch, was sie jedoch natürlich nicht sind. Wie erklären wir also, dass sie so sind, wie sie sind? Wie verstehen wir ihre Unterschiede, ihre Schwierigkeiten und ihre Interaktionen und Wechselbeziehungen? In Kapitel 6 wird die Frage gestellt, ob es ein festes Muster für die menschliche Entwicklung gibt. Kapitel 7 handelt von individuellen Unterschieden und untersucht die Frage, ob wir die Menschen in Kategorien von Typen einordnen können. Kapitel 8 fragt danach, was geschieht, wenn etwas schiefgeht, und befasst sich mit der Klinischen Psychologie, d. h. mit der Psychologie abweichender Verhaltensweisen. Kapitel 9 geht der Frage nach, wie wir einander beeinflussen, und beschreibt die Sozialpsychologie. Kapitel 10 dreht sich um die Frage, wozu Psychologie dient, beschreibt den praktischen Nutzen der Psychologie und spekuliert, welche Art von Fortschritt in der Zukunft zu erwarten ist.

2
Was gelangt in unser Bewusstsein? Sinnliche Wahrnehmung

Betrachten Sie Abb. 3. Dieses Bild eines Necker'schen Würfels besteht ausschließlich aus schwarzen Linien auf dem zweidimensionalen Raum des Papiers, doch was Sie wahrnehmen, ist ein dreidimensionaler Würfel. Wenn man diesen Würfel längere Zeit anschaut, scheint der Würfel zu kippen, so dass die vordere Fläche zur Rückseite eines Würfels wird, der in die entgegengesetzte Richtung zeigt. Dieser Wechsel findet auch gegen unseren Willen statt. Was Sie hier sehen, ist das Gehirn bei der Arbeit, wenn es versucht, sich die uneindeutige Zeichnung zusammenzureimen, jedoch nicht fähig ist, sich für eine der beiden Interpretationen zu entscheiden. Bei der Wahrnehmung geht es also anscheinend nicht nur darum, passiv mit Hilfe der Sinne Informationen aufzunehmen. Es handelt sich bei ihr vielmehr um einen aktiven Konstruktionsprozess, in dem eingehende sensorische Signale mit zusätzlicher Information kombiniert werden.

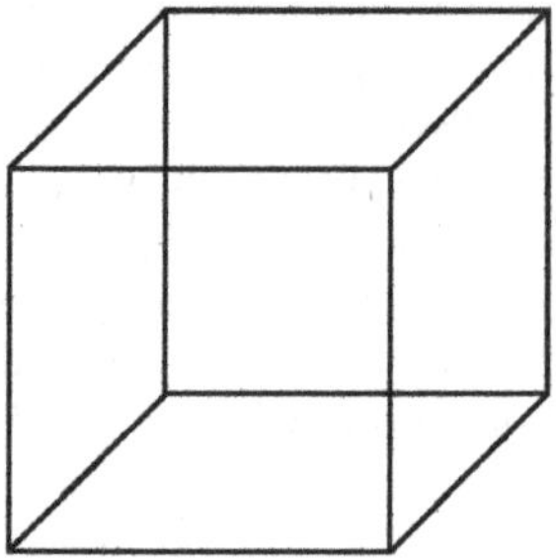

Abb. 3: Necker'scher Würfel

Noch verwirrender ist die Zeichnung der teuflischen Stimmgabel (Abb. 4), die uns durch bestimmte Standardelemente der Wahrnehmung von räumlicher Tiefe in die Irre führt. Abwechselnd sehen wir die dreidimensionale Darstellung einer dreizinkigen Gabel – oder wir sehen sie nicht. Ähnliche Täuschungen lassen sich auch bei den anderen Sinnen provozieren. Wenn Sie etwa das Wort »Lehm« schnell genug vor sich hin sagen, werden Sie abwechselnd »Lehm Lehm Lehm« oder »Mehl Mehl Mehl« hören. Auch hier verarbeitet das Gehirn die erhaltene Information und stellt ohne unser bewusstes Zutun Hypothesen über die Realität auf; was uns letztlich bewusst wird, ist also ein Produkt von *Sinnesreizen* und Hirnaktivität, die zu einer *Interpretation* dieser Sinnesreizung führt. Wenn wir durch dichten Nebel fahren oder im Dunkeln zu lesen versuchen, dann wird das Raten offensichtlich: »Ist das unsere Abzweigung oder eine Auffahrt?«; »Steht dort ›mein‹ oder ›nein‹«? Wahrnehmungsprozesse spielen zwar eine große Rolle bei dem, was in unser Bewusstsein gelangt, doch wir erkennen bereits jetzt, dass im Verborgenen andere, komplexe Prozesse zu dem beitragen, was wir dann tatsächlich wahrnehmen.

Wir nehmen gemeinhin an, dass die Welt so ist, wie wir sie sehen, und dass andere sie genauso sehen – kurz: dass unsere Sinne eine objektive und allen gemeinsame Realität widerspiegeln. Wir gehen davon aus, dass unsere Sinne die

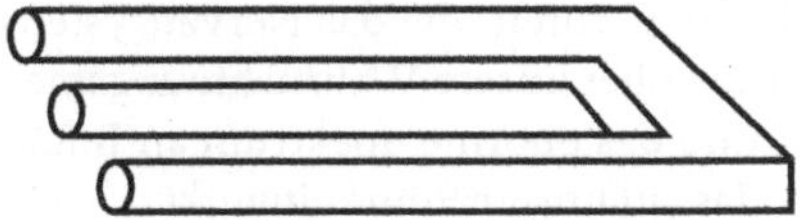

Abb. 4: Die Stimmgabel des Teufels

Welt, in der wir leben, so präzise wiedergeben wie ein Spiegel, der das Gesicht widerspiegelt, das in ihn hineinschaut, oder wie ein Fotoapparat, der eine Momentaufnahme bis in alle Ewigkeit festhält. Natürlich könnten wir uns, wenn unsere Sinne uns nicht mit einigermaßen genauen Informationen versorgten, nicht in der Weise auf sie verlassen, wie wir es tun. Trotz allem haben Psychologen herausgefunden, dass diese Annahmen zur Wahrnehmung irreführend sind. Die Aufnahme von Informationen über unsere Welt ist kein passiver, nur wiedergebender Vorgang, sondern ein komplexer, aktiver Prozess, bei dem Sinne und Gehirn zusammenarbeiten und uns helfen, eine bestimmte *Wahrnehmung* (oder Illusion) der Realität zu konstruieren. Wir sehen nicht nur Muster von Licht, Dunkelheit und Farbe – wir arrangieren diese Muster zu Objekten, die eine bestimmte Bedeutung für uns haben. Wir können sie erkennen oder benennen, sie als etwas völlig Neues identifizieren oder Ähnlichkeiten mit anderen Objekten entdecken. Wir werden im weiteren Verlauf sehen, dass die psychologische Forschung einige faszinierende – und überraschende – Dinge entdeckt hat, die in unserem Bewusstsein vorgehen, ohne dass wir uns ihrer bewusst sind. Die Untersuchung dieser versteckten Prozesse ist durch die Entwicklungen in der Kognitionswissenschaft zu einer interdisziplinären Angelegenheit geworden. Vor allem in den computergestützten Neurowissenschaften hilft die Analyse der Funktionsweisen des Gehirns hinsichtlich der informationsverarbeitenden Eigenschaften der Strukturen, die das Nervensystem bilden, dabei, Aufschluss über unsere Wahrnehmungsmechanismen zu geben und das enorme Spektrum an Information zu verstehen, das auf unsere Sinne einwirkt.

Der Schwerpunkt der Forschung im Bereich der sinnlichen Wahrnehmung liegt auf der visuellen Wahrnehmung, denn das Sehen ist unser am höchsten entwickelter Sinn: Ungefähr die Hälfte des Kortex (der Hirnrinde) hat mit dem Sehen zu tun. Außerdem lassen sich visuelle Beispiele gut in einem Buch darstellen, so dass sie in diesem Kapitel den Vorrang erhalten.

Die reale Welt wahrnehmen

Der erste Schritt bei der Wahrnehmung besteht darin, zu entdecken, dass dort draußen irgendetwas ist. Das menschliche Auge kann nur einen winzigen Bruchteil, nämlich weniger als 1 %, aller elektromagnetischen Wellen wahrnehmen – das ist das für uns sichtbare Spektrum. Bienen und Schmetterlinge können ultraviolette Strahlen sehen, und einige Schlangen können die abgestrahlte Wärme ihrer Beute ausreichend präzise »sehen«, um verletzliche Körperstellen zu attackieren, wenn sie zuschlagen. Was wir über die Wirklichkeit wissen, wird also durch die Fähigkeiten unserer Sinnesorgane begrenzt. Unsere Empfindlichkeit innerhalb dieser Begrenzungen ist jedoch bemerkenswert: In einer klaren, dunklen Nacht können wir theoretisch eine Kerzenflamme in 50 km Entfernung sehen. Wenn wir zum Beispiel Licht wahrnehmen, verwandeln unsere Sinnesrezeptoren eine Energieart in eine andere, so dass die Lichtinformation als ein Muster aus elektrischen Nervenimpulsen übertragen wird. Das Rohmaterial der Wahrnehmung besteht bei allen Sinnen aus Nervenimpulsen, die in verschiedene Spezialbereiche des Gehirns weitergeleitet werden. Damit die Impulse als der Schein einer Kerzenflamme interpretiert werden, müssen sie den visuellen Kortex erreichen. Das Muster und der Level, auf dem bestimmte aktivierte Zellen Energiemengen abfeuern, und das Fehlen von Reizeinwirkungen in gehemmten Zellen müssen vom Hintergrundpegel der Zellenaktivität (dem *neuronalen Rauschen*) unterschieden und dekodiert werden. Interessanterweise ist die Fähigkeit, ein Signal präzise festzustellen, weitaus differenzierter, als man es nach dem, was wir über die Sinnessysteme wissen, erwarten würde. Sie hängt von vielen anderen Faktoren ab: Einige Faktoren, wie die Aufmerksamkeit, sind offensichtlich, andere weniger, so unsere Erwartungen, Motivationen oder Neigungen, wie zum Beispiel die Tendenz, entweder »ja« oder »nein« zu sagen, wenn man sich unsicher ist. Wenn Sie Radio hören, während Sie auf einen wichtigen Anruf warten, glauben Sie vielleicht fälschlicherweise, das Telefon klingeln zu hören, während Sie, falls Sie völlig vertieft in das Radioprogramm sind und keinen Anruf erwarten, möglicherweise gar nicht hören, dass es klingelt. Diese Unterschiede in der Wahrnehmung von Signalen haben tiefgreifende Auswirkungen auf das praktische Leben, zum Beispiel bei der Entwicklung effektiver Warnsysteme auf Intensivstationen oder der Entwicklung von Kontrolltafeln an komplizierten Maschinen.

Theorien, die zur Erklärung dieser Erkenntnisse aufgestellt wurden, ermöglichen es Psychologen, Vorhersagen zu machen und diese dann zu überprüfen. Die *Signaldetektions-Theorie* geht davon aus, dass eine angemessene Wahrnehmung nicht nur von den sensorischen Fähigkeiten, sondern auch von einer Kombination aus Sinnes- und Entscheidungsprozessen bestimmt wird. Entscheidungen hängen etwa von dem zu diesem Zeitpunkt erforderlichen Grad an Wachsamkeit (*Reaktionsverzerrung*) ab. Ein Laborant, der Objektträger nach Krebszellen absucht, reagiert auf jede Anomalie und sortiert den »falschen Alarm« anschließend aus. Ein Autofahrer, der überlegt, wann er den Wagen vor ihm überholen soll, muss sich jedes Mal richtig entscheiden, oder er riskiert einen Zusammenstoß. Der Grad der Empfindlichkeit und Wachsamkeit lässt sich aus der Anzahl der »Treffer« und »Fehltreffer« und der Anwendung relativ einfacher statistischer Modelle berechnen, um voraussagen zu können, wann ein Signal (eine Krebszelle oder ein entgegenkommender Wagen) richtig festgestellt werden wird. Diese Berechnungen finden in vielen Bereichen Anwendung, zum Beispiel bei der Ausbildung von Menschen, die die Geräte für das Gepäck-Screening am Flughafen überwachen.

Alle Sinne reagieren besser auf Veränderungen in der Umgebung als auf einen statischen Zustand. Rezeptoren schalten, wenn sich nichts ändert, vollkommen ab bzw. sie *habitualisieren*, d. h., wir bemerken das Geräusch des Kühlschranks nur dann, wenn er sich einschaltet, aber später fällt es uns nicht mehr auf. Man könnte annehmen, dass in unserem ziemlich hektischen Leben ein Nachlassen der Sinnesreizung zu begrüßen wäre, doch Reizentzug oder *sensorische Deprivation* kann bei manchen Menschen Angst auslösende und bizarre Erlebnisse wie Halluzinationen hervorrufen. Der Grad der Bedrängnis hängt davon ab, was die Menschen jeweils erwarten. Dasselbe trifft zu, wenn die Sinne für geraume Zeit überfrachtet werden wie etwa bei Popkonzerten und Fußballspielen. Diese Erfahrungen können sowohl ermüdend als auch anregend sein.

Das Verfahren der Sinneswahrnehmung

Einer der grundlegendsten Vorgänge sinnlicher Wahrnehmung besteht darin, Objekte von ihrer Umgebung zu unterscheiden. Werfen Sie einen Blick auf den Rubin'schen Becher (Abb. 5). Sie werden entweder einen Pokal oder zwei Silhouetten sehen, aber nicht beide Bilder gleichzeitig. Wenn Sie auf den Pokal blicken, verschwinden die Silhouetten, doch wenn Sie die Silhouetten als Figuren sehen, dann wird der Pokal zum Hintergrund.

Ein weiteres Verfahren versetzt uns in die Lage, wichtige Dinge vor weniger wichtigen Dingen wahrzunehmen: In Abb. 6 sehen wir H vor S, obwohl beide gleich gut sichtbar sind. Das Gehirn entscheidet also ebenso wie unsere Augen darüber, was wir sehen, und die beteiligten Verfahren scheinen dazu ausgebildet zu sein, die Eindrücke unserer Sinne zu entwirren. Psychologen vertreten die Hypothese, dass dieses Verfahren mehrere zentrale Schritte umfasst. Sinneseindrücke (Sensationen) werden an das Gehirn weitergeleitet, welches dann bereits bestehendes Wissen benutzt,

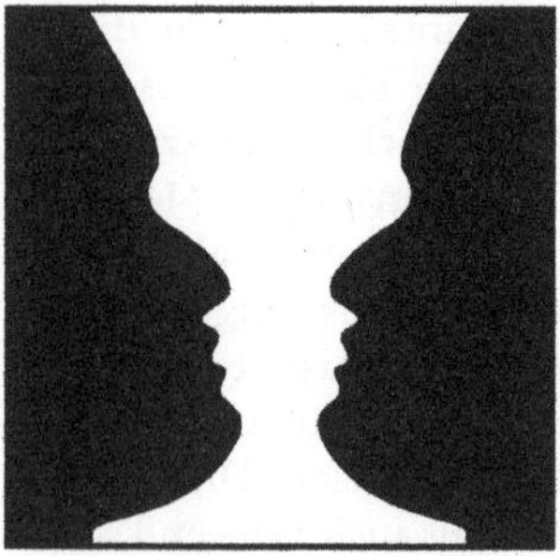

Abb. 5: Rubin'scher Becher

um ein Modell dessen, was wahrgenommen wurde, zu konstruieren: »Das könnte Jane sein.« Das Modell sagt uns, was wir zu erwarten haben, und befähigt uns dadurch, Vorhersagen zu treffen (z. B. darüber, wie Jane aussieht, geht und wie ihre Stimme klingt). Zutreffende Vorhersagen bestätigen unsere Erwartungen, während unzutreffende Vorhersagen neue Informationen zur Verfügung stellen, die das innere Modell aktualisieren. Dieser Vorgang läuft weiter, kontinuierlich unsere Wahrnehmungen verfeinernd und aktualisierend (»Oh, es *ist* Jane, aber sie sieht jetzt älter aus«), während Sinneseindrücke und Erwartungen zusammenwirken, um uns Schlussfolgerungen über die Welt zu liefern. Diese Abläufe geschehen die ganze Zeit, doch werden wir uns ihrer am leichtesten dann bewusst, wenn wir mit Wahrnehmungsschwierigkeiten konfrontiert sind, wie etwa im Falle der Wahrnehmung einer uneindeutigen Gestalt oder einer Illusion, oder auch dann, wenn bedeutungsvolle Signale wie im Falle von Jane unklar oder unbeständig sind. Normalerweise geschieht dies alles, ohne dass wir mehr darüber wissen als die daraus resultierende »Illusion«, in direktem Kontakt mit der externen Realität zu stehen.

Eine ebenso interessante wie umstrittene Theorie über die Funktionsweise des Gehirns besagt, dass es eine Form der Bayes'schen Inferenz verwendet. Das Bayes'sche Theo-

```
S        S
S        S
S        S
SSSSSSSSSS
S        S
S        S
S        S
```

Abb. 6: Erst sehen wir H, dann S.

rem wurde erstmals 1763 der Öffentlichkeit präsentiert, blieb dann aber für mehr als ein Jahrhundert unbeachtet. Es ermöglicht uns, den Wert eines neuen Stücks Information im Kontext der aktuellen Erwartungen oder Überzeugungen genau zu messen, und liefert eine rechnerische Grundlage für die Annahme, dass sinnliche Wahrnehmung ein Produkt jener Schlussfolgerungen ist, die wir ziehen, wenn wir sensorische Information mit vorhergehendem Wissen kombinieren (in diesem Falle also vorheriges Wissen über Jane ergänzt um Wissen über subtile Zeichen des Alterns).

Dieses Modell geht davon aus, dass das, was wir wahrnehmen, davon abhängt, was wir bereits wissen. Drei Quellen des Wissens könnten hier gemeinsam oder jeweils getrennt beteiligt sein: Lernen (von Kindheit an lernen wir schnell); Wissen, das durch Millionen von Jahren der Evolution biologisch in das Gehirn »eingeschrieben« wurde und daher möglicherweise angeboren ist; sowie eine angeborene Veranlagung dazu, über bestimmte Dinge etwas zu lernen. Wenige Tage alte Babys bevorzugen es, Gesichter anstelle anderer, ähnlich komplexer Reize anzuschauen. Ein bestimmter Teil des Gehirns (die *Fusiform Face Area*) scheint dazu vorprogrammiert zu sein, Wahrnehmungen von Gesichtern zu verarbeiten. Gesetzt den Fall, dass wir erwarten, ein Gesicht zu sehen, es aber noch nicht in unserem Blickfeld aufgetaucht ist, kann in diesem Teil des Gehirns neuronale Aktivität nachgewiesen werden. Dasselbe geschieht auch dann, wenn wir uns nur vorstellen, ein Gesicht zu sehen. Es könnten dann alle drei Vorgänge beteiligt sein. Sehen Sie sich nun das Bild der zwei Dominosteine in Abb. 7 an. Sie werden fünf konvexe Stellen sowie eine konkave im obersten Stein sehen, während im untersten Stein nur zwei konvexe Stellen zu beobachten sind. Drehen Sie aber die Seite kopfüber, und die konvexen Stellen werden sich mit den konkaven vertauschen. Die wichtigste Hypothese in Bezug auf diesen Fall fußt auf einer evolutionären Beobachtung als Grundlage: Über Millionen von Jahren entwickelten wir die Veranlagung, zu lernen, dass die Quelle des Lichts (die Sonne) von oben kommt. Deshalb werden konvexe Gegenstände oben hell und unten dunkel sein und wird für konkave Gegenstände genau das Gegenteil gelten. Dieses Wissen, oder diese Regel, bestimmt das, was wir wahrnehmen. Drehen Sie die Seite seitwärts und keine der beiden Interpretationen wird vorherrschen.

Dass wir das, was wir wahrnehmen, sinnvoll ordnen, erfolgt so natürlich und mühelos, dass man kaum glauben

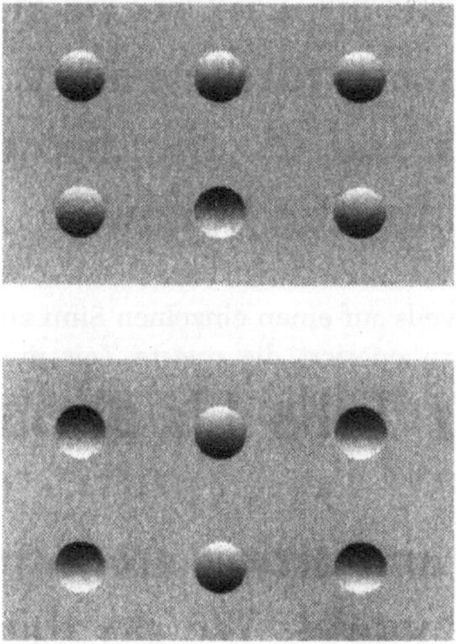

Abb. 7: Die Domino-Illusion

mag, welch enorme Leistung es darstellt. Computer können zwar programmiert werden, Schach zu spielen, doch sie so zu programmieren, dass sie selbst nur rudimentäre Wahrnehmungsfertigkeiten besitzen, wie beispielsweise das gesprochene Wort in geschriebene Form zu übertragen, ist weitaus schwieriger. Untersuchungen mit Hilfe von bildgebenden Verfahren im zentralen Nervensystem zeigen, dass manche Zellen mehr auf Bilder von Linien mit einer bestimmten Ausrichtung oder Länge reagieren, während andere Zellen eher einfache Formen oder Oberflächen aufdecken. Werden wir mit solch spezialisierten Detektoren geboren oder entwickeln sie sich erst im Laufe des Lebens? Personen, die blind geboren wurden, jedoch als Erwachsene ihr Augenlicht erlangten (zum Beispiel nach der operativen Entfernung von angeborenen Linsentrübungen), haben große Probleme mit der visuellen Wahrnehmung und machen weiterhin Fehler beim Sehen. Die Vorgänge, die für andere automatisch geworden sind, gehen für diese Personen nach wie vor mit einem gewissen Rätselraten einher, und es bleibt mit Anstrengung verbunden, visuelle Information mit der Information anderer Sinne zu kombinieren.

Um den Prozess des Wahrnehmens zu verstehen, ist es einfacher, den Fokus jeweils auf einen einzelnen Sinn zu richten, doch das Gehirn operiert die meiste Zeit mit gleichzeitig eingehenden Eingangsreizen unterschiedlichster sinnlicher Modalitäten (Sehen und Hören; Sehen, Berührung, Geruch und Geschmack usw.). Die verschiedenen Quellen der Information müssen eingeordnet werden, wenn sie uns eine zusammenhängende, kohärente Repräsentation der Welt, die sich mit der Wirklichkeit deckt, liefern sollen. Diese Quellen schließen Körperempfindungen ebenso wie Informationen der Sinnesorgane mit ein. Dies zeigt uns, dass körperliche Empfindungen und emotionale Zustände ebenfalls eine wichtige Rolle im Wahrnehmungsvorgang spielen. Tatsächlich können wir unmittelbar feststellen, ob wir das Geräusch, das wir hören, oder die Person, die wir kommen sehen, mögen oder nicht mögen, da das Gehirn laufend affektive Vorhersagen tätigt. Selbst bevor wir Jane erkennen, empfinden wir möglicherweise eine Art Wärme – oder Furcht –, während sie näher kommt. In der Tat können wir jegliche Quelle vorhergehenden Wissens dazu verwenden, Vorhersagen über das, was wir wahrnehmen, zu generieren. Dazu gehört auch semantisches Wissen, wie zum Beispiel über sichtbare Zeichen des Alterns. Die Gehirnaktivität, die der Wahrnehmung zugrunde liegt – und möglicherweise Bayes'sche Inferenz gebraucht –, erlaubt es uns daher, Informationen von den unterschiedlichen Sinnesorganen, innerlichen Körperzuständen und von unserem Wissen über die Welt in den Wahrnehmungsprozess einzufügen.

Aufmerksamkeit: das Beste aus einem begrenzten Umfang herausholen

Zur Wahrnehmung gehört es nicht nur, sich Unterscheidungsfertigkeiten anzueignen, sondern auch die ganze Zeit Hypothesen aufzustellen, Vorhersagen zu entwickeln und Korrekturen vorzunehmen. Es geht um die Auswahl und Entscheidungen darüber, auf was man sich von den vielen Dingen, die unsere Aufmerksamkeit fordern, konzentriert. Unser Gehirn ist von begrenzter Kapazität, und um den bestmöglichen Nutzen aus dieser Vorgabe zu ziehen, hilft es, unsere Aufmerksamkeit jeweils angemessen zu verteilen. Wenn Sie eine Audioaufnahme von einer lauten Party machen, würden Sie wahrscheinlich nur ein Stimmengewirr hören. Doch wenn Sie sich auf der Party mit jemandem unterhalten und dieser Person Aufmerksamkeit schenken, wird Ihr Gespräch sich für Sie von den Hintergrundgeräuschen abheben, und Sie werden vielleicht gar nicht merken, ob die anderen Personen hinter Ihnen Deutsch oder Englisch gesprochen haben. Wenn aber jemand, ohne seine Stimme zu erheben, Ihren Namen erwähnt, werden Sie dies höchstwahrscheinlich bemerken. Normalerweise konzentrieren wir unsere Aufmerksamkeit. Wir gehen von *Niedrig-Level-Informationen* wie der Stimme des Sprechers oder der Richtung aus und filtern aus der Stimme das weg, was uns zu dem Zeitpunkt nicht interessiert.

Kasten 2.1 Unterschwellige Perzeption: ein Mittel zum Selbstschutz?

Zwei Lichtkreise erscheinen auf einem Bildschirm. In einem von beiden steht ganz blass ein Wort, so dass es nicht bewusst wahrgenommen werden kann. Wenn in dem Licht ein affektives Wort verborgen ist, beurteilen Versuchspersonen die Helligkeit der Kreise als dunkler, als wenn es sich um ein angenehmes oder neutrales Wort handelt. Diese Reaktion wird *Wahrnehmungsabwehr* genannt, weil es uns vor potentiell unangenehmen Reizen schützen kann.

Dass wir die Nennung unseres Namens bemerken, ist eine rätselhafte Ausnahme dieser Regel, und es wurden mehrere Erklärungen für die Funktionsweise des Filtersystems vorgebracht: Wir müssen etwas über das wissen, was wir ignorieren, oder wir würden nicht wissen, dass wir es ignorieren wollen. Etwas wahrzunehmen, ohne sich dessen bewusst zu sein, wird *unterschwellige Perzeption* (Kasten 2.1) genannt. Laboruntersuchungen haben gezeigt, dass die Vorgänge im Zusammenhang mit unserer Aufmerksamkeit so schnell und effizient ablaufen können, dass sie uns davor schützen, etwas bewusst wahrzunehmen, was uns unangenehm wäre, wie zum Beispiel obszöne oder sehr verwirrende Wörter.

Unsere Aufmerksamkeit auf etwas zu richten, ist eine der Methoden, mit denen wir auswählen, was unser Gehirn erreichen soll – doch wir können mehr als einer Sache auf einmal Aufmerksamkeit schenken, ja, eine geteilte Aufmerksamkeit ist die Norm. Am leichtesten können wir unsere Aufmerksamkeit aufteilen, wenn Informationen über verschiedene Kanäle zu uns gelangen – so kann ich die Kinder im Auge behalten, während ich auf eine E-Mail antworte und Radio höre. Zur gleichen Zeit kann ich mir sogar Sorgen wegen eines bestimmten Briefs von der Bank machen. Doch dieser Vielseitigkeit sind Grenzen gesetzt. Fluglotsen wurden früher dazu ausgebildet, viele Dinge gleichzeitig zu erledigen: den Radarschirm zu beobachten, mit den Piloten zu sprechen, verschiedene Flugrouten zu verfolgen und Zettel mit Nachrichten zu lesen, die ihnen zugeschoben wurden. Solange das Verkehrsaufkommen überschaubar war, konnten sie ihre Aufmerksamkeit auf diese Weise aufteilen. Mit der Weiterentwicklung der Sicherheitssysteme ergaben Simulationstests jedoch, dass die Reaktionen der Lotsen bei übergroßem Informationsfluss oder bei Müdigkeit unsystematisch oder sogar absonderlich wurden: Sie standen auf und wiesen Piloten, die sich Tausende von Metern in der Luft befanden, mit der Hand den Weg, oder sie brüllten laut, um die Informationen zu übermitteln.

Es wird nicht überraschen, dass konzentrierte Aufmerksamkeit ein sensibler Vorgang ist. Viele Faktoren können ihn stören: etwa die Ähnlichkeit von Reizen, die Schwierigkeit der Aufgabe, ein Mangel an Fertigkeiten oder Übung, Kummer oder Sorgen, geistige Abwesenheit, Drogen, Langeweile oder sensorische Gewöhnung (*Habituation*). Ein Grund, warum es sicherer ist, Menschen per Eisenbahn durch einen langen Tunnel wie dem unter dem Ärmelkanal hindurch zu transportieren, ist, dass Autofahren in einem so eintönigen Tunnel zu riskant wäre. Ohne ausreichende sensorische Abwechslung gewöhnen sich die Wahrnehmungssysteme an die Umwelt, und die Aufmerksamkeit beginnt abzuschweifen. Wir passen uns an oder gewöhnen uns an Reize, die unverändert bleiben, und wenden uns etwas Neuem zu. Wenn ich ruhig im Badewasser liege, werde ich erst dann bemerken, dass die Temperatur langsam abgesunken ist, wenn ich mich bewege.

Was wir bei der Verbindung von Wahrnehmung und Aufmerksamkeit tatsächlich wahrnehmen, wird nicht nur durch äußere Faktoren, sondern auch durch innere Faktoren wie Gefühle und das körperliche Befinden beeinflusst. Wer Angst davor hat, als Person abgelehnt zu werden, bemerkt eher Zeichen von Unfreundlichkeit (wie zum Beispiel eine abweisende Mimik) als solche der Freundlichkeit.

Auf hungrige Menschen wirken Bilder von Lebensmitteln bunter als Bilder von anderen Dingen. Diese Ergebnisse bestätigen, dass ein so großer Teil der Wahrnehmungen außerhalb des Bewusstseins vorgeht, dass wir nicht sicher sein können, inwieweit das, was wir wahrnehmen, mit der Wirklichkeit oder mit dem, was andere wahrnehmen, übereinstimmt. Psychologen sehen zwei Arten der Verarbeitung von Sinneseindrücken.

- *Bottom-up-* oder *Aufwärtsverarbeitung* beginnt, wenn wir etwas in der realen Welt sehen, das eine Reihe von Gehirnaktivitäten auslöst. Diese auf Reizen basierende Verarbeitung spiegelt unsere Reaktionsfähigkeit hinsichtlich der Außenwelt wider und überwiegt gewöhnlich, wenn etwa gute Sicht herrscht.
- *Top-down-* oder *Abwärtsverarbeitung* spiegelt den Beitrag von zentralen Vorgängen wider, die von einer Zuordnung zu Begriffen ausgelöst werden. Selbst dann, wenn wir auf Licht oder Schallwellen reagieren, bringt jeder von uns Erfahrungen von früher (und Aufmerksamkeit) mit ein, und sollten die Sichtbedingungen schlecht oder unsere Erwartungen stark sein, werden wir uns mehr auf interne und weniger auf externe Informationen verlassen.

Blicken Sie auf das Dreieck in Abb. 8 und lesen Sie, was dort steht. Haben Sie den Fehler bemerkt? Die meisten Menschen bemerken ihn nicht beim ersten Mal, denn ihre Erwartungen gegenüber der bekannten Wendung (Abwärtsverarbeitung) stören die exakte (Aufwärts-)Wahrnehmung. Menschen mit einer Aufgabe zu beschäftigen, die ihre Auf-

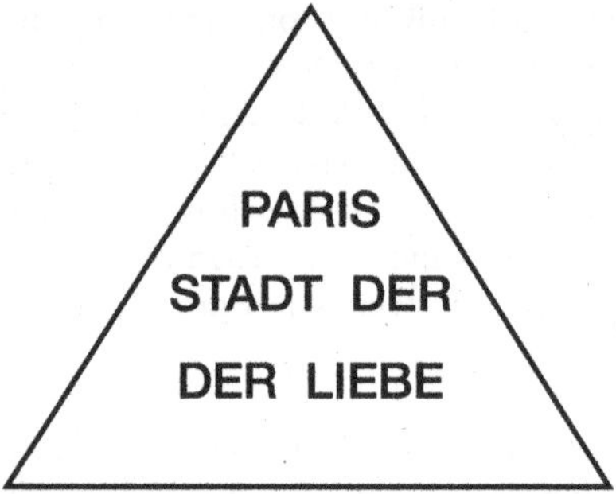

Abb. 8:
Paris Stadt der Liebe

merksamkeit fordert (zum Beispiel die Anzahl der Pässe zu zählen, die Basketballspieler während eines Spiels machen), hat einen ähnlichen Effekt. Während sie zählen, verabsäumen die meisten Beobachtenden, alles andere um sie herum zu bemerken: selbst dann, wenn eine Person in einem Gorillakostüm in direktem Blickfeld hinter den Spielern vorbeigeht. In beiden Fällen nutzt das Bayes'sche Gehirn vorheriges Wissen, um Vorhersagen zu treffen, die dann beeinflussen, was wahrgenommen wird, d. h. wir sehen das, was wir erwarten zu sehen, und wir ignorieren das, was wir nicht zu sehen erwarten.

Aus der Beeinträchtigung der Wahrnehmung lernen: der Mann, der seine Frau mit einem Hut verwechselte

Die Wahrnehmung ist so komplex, dass sie auf vielerlei Art misslingen kann. In *Der Mann, der seine Frau mit einem Hut verwechselte* beschreibt Oliver Sacks, was geschieht, wenn komplexe, interpretative Wahrnehmungsfähigkeiten ernsthaft beeinträchtigt sind. Sein Patient war ein begabter Musiker, dessen musikalische oder andere geistige Eigenschaften nicht nachgelassen hatten. Er war sich bewusst, dass er Fehler machte, vor allem dann, wenn er versuchte, Menschen zu erkennen. Er merkte jedoch nicht, dass er auch auf anderen Gebieten Fehler machte. Er konnte sich normal unterhalten, aber erkannte seine Studenten nicht mehr und verwechselte unbelebte Gegenstände (wie seinen Schuh) mit belebten (seinem Fuß). Am Ende eines Gesprächs mit Dr. Sacks schaute er sich nach seinem Hut um, griff aber stattdessen nach dem Kopf seiner Frau und versuchte, sich diesen aufzusetzen. Er konnte weder Gefühlsbekundungen deuten noch das Geschlecht von Menschen im Fernsehen erkennen; er konnte Familienmitglieder anhand ihrer Stimme, aber nicht anhand von Fotografien identifizieren. Sacks berichtet, dass er »visuell in einer Welt lebloser Abstraktionen verloren war«. Er sah die Welt wie ein Computer mit Hilfe von Schlüsselmerkmalen und schematischen Beziehungen; als er gebeten wurde, einen Handschuh zu identifizieren, beschrieb er ihn als »eine Art von Behälter« und als »eine durchgehende, in sich gefaltete Oberfläche mit fünf beutelähnlichen Fortsätzen ...«. Diese schwere Wahrnehmungsbeeinträchtigung wirkte sich besonders auf seine Fähigkeit aus, visuell zu erkennen: als könne er sehen, ohne das Gesehene zu verstehen oder zu interpretieren. Da ihm der interpretative Aspekt der Wahrnehmung fehlte, geriet er in eine Sackgasse, wenn er sich auf visuelle Information allein verlassen musste. Doch konnte er sein gewohntes Leben weiterführen, indem er etwa vor sich hin summte – also indem er in der auditiven Welt der Musik lebte, in der er besondere Fertigkeiten entwickelt hatte. Obwohl er Hypothesen aufstellen konnte (etwa über den Kopf seiner Frau oder den Handschuh) – wie auch wir es tun, wenn wir den Necker'schen Würfel (Abb. 3) betrachten –, konnte er über diese Dinge kein Urteil fällen. Aus solch einem sorgfältigen Studium der selektiven Beeinträchtigung hochrangiger Wahrnehmungsfunktionen ergeben sich Hinweise, die uns helfen, vieles zu verstehen, wie etwa die Rolle, die diese Funktionen nicht nur bei der Wahrnehmung spielen, sondern auch für unser Leben in der realen Welt, oder welche Funktionen im Gehirn separat kodiert werden und wo die Strukturierung dieser Funktionen lokalisiert ist.

Die Wahrnehmung ist also das Endprodukt komplexer Vorgänge, von denen viele außerhalb des Bewusstseins stattfinden. Psychologen wissen mittlerweile so viel über die Wahrnehmung, dass sie etwa ausreichend genau eine visuelle Umgebung simulieren können, in der angehende Chirurgen »eine virtuelle Realität« dafür benutzen können, komplizierte Operationen zu üben. Virtuelle Realität schafft die Illusion eines dreidimensionalen Raums, so dass es möglich wird, an einem Computer hinter etwas oder durch »feste« Gegenstände hindurchzugreifen. Die Schnelligkeit der Lern- und Anpassungsfähigkeit unserer Wahrnehmungssysteme hat jedoch auch ihre Nachteile. Chirurgen, die für so lange Zeit auf diese Art und Weise gearbeitet haben, dass sich allgemein ihre Interpretation normaler Wahrnehmungssignale für sichere Bewegungen im dreidimensionalen Raum umgestellt hat, sind anschließend im Straßenverkehr besonders unfallgefährdet.

Diese Einführung in den Bereich der Wahrnehmung ist nur ein Beginn, ein erster Versuch, zu verstehen, was ins

Bewusstsein gelangt. Dieser Bereich umfasst viele weitere faszinierende Themen, angefangen bei Ideen zur Weiterentwicklung der Wahrnehmung bis hin zu Diskussionen über die Frage, in welchem Ausmaß Wahrnehmungsprozesse automatisch ablaufen oder bewusst kontrolliert werden können. Ziel war es, zu zeigen, dass die Realität, wie wir sie kennen, zum Teil eine individuelle, menschliche Konstruktion ist. Jeder von uns baut daran mit. Psychologen helfen uns, viele der Bedingungen zu verstehen, die bestimmen, wie wir das tun. Nachdem wir uns mit dem befasst haben, was in unser Bewusstsein gelangt, können wir uns nun der Frage zuwenden, wie viel dort verbleibt und zur Grundlage dessen wird, was wir lernen und erinnern.

3
Was bleibt im Bewusstsein?
Lernen und Gedächtnis

Wenn Sie etwas lernen, dann verändert sich etwas. Nun können Sie etwas, das Sie zuvor nicht konnten, wie zum Beispiel Klavier spielen. Oder Sie wissen etwas, das Sie zuvor nicht wussten, wie etwa die Bedeutung des Begriffs »empirisch«. Wenn etwas im Bewusstsein bleibt, nehmen wir an, dass es irgendwo gespeichert wird. Diesen Speicherraum nennen wir »Gedächtnis«. Das System ist nicht perfekt, denn manchmal »zerbrechen wir uns den Kopf« oder »zermartern uns das Hirn«, doch die verbreitetste Annahme hinsichtlich dessen, was im Gedächtnis bleibt, ist wohl die, dass es irgendwo gespeichert wird. Manchmal können wir das Gewünschte nicht finden. Aber es ist wahrscheinlich irgendwo abgelegt, wenn wir nur wüssten, wo. Die Entdeckungen von Psychologen auf dem Gebiet des Lernens und des Gedächtnisses zeigen, dass die beiden Vorgänge – Lernen und Erinnerung – miteinander verflochten sind, die Analogie des Speicherns jedoch nicht treffend ist.

William James bemerkte 1890 über das Gedächtnis:

> Warum sollte dieses gottgegebene Vermögen in so viel besserem Maße die Ereignisse von gestern behalten als die des Vorjahres, und am besten von allen die der letzten Stunde? Und warum sollten ihm im hohen Alter die Erlebnisse der Kindheit am verlässlichsten zur Verfügung stehen? Warum stärkt das wiederholte Erleben unsere Erinnerung? Warum sollten Drogen, Fieber, Scheintod-

> Erfahrungen und Aufregungen Dinge wieder zum Leben erwecken, die lange vergessen waren? […] Diese Merkwürdigkeiten erscheinen fantastisch und könnten, was immer wir auch a priori sehen, das genaue Gegenteil dessen sein, was sie eigentlich sind. Dieses Vermögen existiert also offensichtlich nicht absolut, sondern funktioniert unter bestimmten Bedingungen. Die Suche nach den Bedingungen wird zur interessantesten Aufgabe des Psychologen. (James, 1890)

Die Frage, was im Gedächtnis bleibt, stellt noch immer eine Herausforderung dar. Zuerst ist es wichtig, zu erkennen, dass Lernen und Gedächtnis zwei Seiten derselben Münze sind: Wir wissen, dass Menschen (und Tiere) etwas erlernt haben, wenn sie uns zeigen oder erzählen, an was sie sich erinnern. In ihrem Gehirn hat eine Veränderung stattgefunden. Kognitionswissenschaftler, darunter auch Psychologen, haben vieles über die Vorgänge entdeckt, die an der Entstehung und Erhaltung dieser Veränderung beteiligt sind. Kasten 3.1 zeigt ein Beispiel mit wichtigen Konsequenzen sowohl für das Lernen als auch für das Gedächtnis. Während die Forschung manche Fragen beantworten kann, wirft sie gleichzeitig auch neue auf.

Diese Art der Forschung wurde durch die Entwicklung von *In-vivo*-bildgebenden Verfahren ermöglicht, die den Aufbau und die Funktionsweisen eines lebendigen menschlichen Gehirns sichtbar machen können. Während der in Kasten 3.1 beschriebenen Untersuchung haben MRI-Scanner volumetrische Unterschiede im Hippocampus gemessen, der eine zentrale Rolle bei der Formung neuer Erinnerungen spielt. Diese und nachfolgende Ergebnisse können

Kasten 3.1 Navigation und das Gehirn

Die Gehirne von Taxifahrern in London verändern sich, während diese zu Experten der Navigation werden. Das Volumen grauer Masse wächst in dem mittleren Hinterteil des Hippocampus, während es im vorderen Hippocampus abnimmt. Je mehr Jahre an Erfahrung jemand hat, desto größer sind diese Veränderungen. Derartige Veränderungen im Gehirn sind nicht bei Londoner Busfahrern zu finden, die in vielen Aspekten, wie der Fahrerfahrung oder der Stressbelastung, vergleichbar sind. Sie folgen eher vorgegebenen Routen, als dass sie die Navigationsexpertise von Taxifahrern entwickeln. Doch nichts kommt ohne einen Preis: Die Abnahme der grauen Masse wird mit Komplikationen, neue visuospatiale Erinnerungen zu gewinnen, in Verbindung gebracht.

Maguire/Woollett/Spiers 2006;
Woollett/Maguire 2011

uns etwas über die Plastizität des Gehirns und die Funktion bestimmter Teile sagen, so etwa, wie diese arbeiten, über strukturelle Leitverbindungen zwischen den verschiedenen Teilen des Gehirns oder darüber, welche Funktionen getrennt organisiert sind und wie die unterschiedlichen Funktionen zusammenspielen. Solche Studien können außerdem Auswirkungen auf die Rehabilitation von Patienten haben, deren Gedächtnis zum Beispiel beeinträchtigt ist.

Lernen: Dauerhafte Verknüpfungen herstellen

Es liegt uns nahe, zu glauben, die Lernfähigkeit hänge davon ab, wie klug man ist, wie gut man aufpasst und ob man auch dann am Ball bleibt, wenn es schwieriger wird. Doch wie sich herausstellt, gibt es verschiedene Arten des Lernens, und bei vielen spielen eine bewusste Anstrengung oder Unterweisung keine Rolle. Wir lernen ständig, unser gesamtes Leben lang, selbst wenn wir uns nicht bemühen, es zu tun. Einige unserer Lernformen ähneln denen von Tieren, obwohl wir in dieser Hinsicht wohl größere Kapazitäten haben. Lernen wird auf vielerlei Arten ausgelöst. Umgebungen variieren so grundsätzlich voneinander, dass eine Anpassung an diese unverzichtbar ist. Menschen und andere Tiere passen sich so gut an, weil sie für das Lernen prädisponiert sind und weil sie besonders stark auf folgende Gegebenheiten reagieren: *Kontingenzen* (was mit was zusammenpasst) und *Diskrepanzen* (was von der Norm abweicht).

Wir lernen durch Zufälle. Das ermöglicht es uns, etwas zu bewirken: Wir drehen den Wasserhahn, und (normalerweise) fließt das Wasser. Indem wir lernen, wie man den Hahn auf- und zudreht, lernen wir, den Wasserfluss zu kontrollieren. Säuglinge erkunden ihre Umwelt wiederholt durch nicht zielgerichtetes Verhalten: Sie wedeln mit den Armen, stoßen gegen etwas, das ein Geräusch macht, und tun es wieder und wieder, bis sie die Entstehung des Geräusches, das sie verursachen, kontrollieren. Diese offensichtliche Faszination, die solche Zufälle oder Kontingenzen ausüben, ist eine wichtige Grundlage für andere Arten des Lernens wie zum Beispiel das Erlernen von Fertigkeiten. Wenn Sie eine Fertigkeit erst einmal beherrschen, können Sie sie automatisch ausführen und dabei Ihre Aufmerksamkeit auf etwas anderes richten: Wenn Sie Wörter mühelos lesen können, können Sie über ihre Bedeutung nachdenken. Wenn Sie eine Melodie automatisch spielen können, können Sie darüber nachdenken, wie Sie sie gestalten wollen.

Wenn man weiß, was zu erwarten ist, dann werden Unterschiede oder Diskrepanzen zu dem, was Sie eigentlich erwartet haben, faszinierend – vorausgesetzt, sie sind nicht zu radikal. Kleine Veränderungen in der Welt eines Kindes (etwas Neues zu essen, in einer neuen Umgebung zu schlafen) laden zum Erkunden ein und helfen dem Kind beim Lernen, doch falls etwas zu plötzlich verändert wird, wird das Kind ängstlich. In gleicher Weise werden verschiedene Arten, ein Lied zu singen (das Spiel zu spielen) interessant, wenn man einmal die Grundstruktur verstanden hat. Die Fähigkeit, zu lernen, indem man Unterschiede findet, ist grundlegend und geht nie verloren. Alte Menschen lernen etwas Neues leichter, wenn sie schon über relevantes Wissen in dieser Richtung verfügen und daher Diskrepanzen bemerken und sich auf diese einstellen. Sie lernen jedoch schlechter, wenn es sich um etwas vollkommen Neues handelt. Wir reagieren unser Leben lang andauernd auf Kontingenzen und Diskrepanzen, und beide Prozesse sind beteiligt an den zwei Formen assoziativen Lernens, die im Folgenden beschrieben werden.

Assoziationslernen

Die vielleicht grundlegendste der vielen Arten des Lernens ist das Assoziationslernen oder die *Konditionierung*, von denen es zwei Formen gibt, nämlich klassische und instrumentelle (oder operante) Konditionierung. Die klassische Konditionierung wurde zuerst von Pawlow untersucht und definiert, der in den zwanziger Jahren mit Hunden arbeitete. Nachdem er einen Weg gefunden hatte, den Speichelfluss der Hunde als Reaktion auf ihr Futter zu messen, bemerkte er, dass die Hunde bereits schon dann Speichel absonderten, bevor ihnen das Futter gegeben wurde. Dieser Reflex, diese unkonditionierte Reaktion, wurde durch Dinge ausgelöst, die mit dem Futter assoziiert wurden: durch den Anblick der Schüssel, durch die Person, die das Futter brachte, oder durch den Klang der Glocke, der mit dem Futter verbunden war (sie erklang immer dann, wenn das Futter gebracht wurde). Pawlow dachte, dass so gut wie jeder Reiz zu einem konditionierten Reiz für die Speichelproduktion werden könne – das Ticken eines Metronoms, ein auf einer großen Karte gemaltes Dreieck oder sogar ein elektrischer Schock. Er schloss daraus, dass Lernen dann stattfindet, wenn ein zuvor neutraler Reiz (eine Glocke) mit einem unkonditionierten Reiz (also etwas, auf das wir naturbedingt reagieren) verbunden wird. Die klassische Konditionierung ist bis in das kleinste Detail untersucht worden. Daher wissen wir, dass konditionierte Reflexe schwächer oder auf ähnliche Konstellationen ausgeweitet werden, dass Gefühle konditioniert (ein Kind hat Angst vor Wellen) und konterkonditioniert werden können (etwa dadurch, dass das Kind beim Waten im Wasser die Hand der Eltern hält) und dass beim Lernen »in einem Lerndurchgang« in dramatischer Weise neue Assoziationen hergestellt werden können (wenn Ihnen zum Beispiel von einem neuartigen Lebensmittel schlecht wird und Sie es später nie wieder essen wollen).

Instrumentelles Konditionieren, das zuerst von B. F. Skinner erforscht wurde, erklärt die wirkmächtige Rolle, die die *Bekräftigung* beim Lernen spielt. Der Grundgedanke dabei ist, dass ein Verhalten, dem etwas Angenehmes (eine Belohnung) folgt, wiederholt wird – dies gilt sowohl für den Menschen als auch für eine Ratte. Wenn das Herunterdrücken eines Hebels mit Trockenfutter belohnt wird, lernt die Ratte, den Hebel zu betätigen. Je hungriger sie ist, desto schneller wird sie lernen. Die Stärke ihrer Reaktion lässt sich präzise anhand der Menge voraussagen, in der das Trockenfutter abgegeben wird. Am meisten wird die Ratte sich dann »anstrengen«, wenn das Trockenfutter in unregelmäßigen Abständen ankommt (auf diese Weise machen Spielautomaten – oder unberechenbare Liebhaber – uns abhängig). Sie wird sich weniger stark anstrengen, wenn das Futter regelmäßig und unabhängig davon, was die Ratte tut, erscheint. Daher verlieren Menschen, die ein festes Gehalt für langweilige, ständig sich wiederholende Arbeit bekommen, schneller die Motivation im Vergleich zu denen, die entsprechend der von ihnen hergestellten Stückzahl bezahlt werden. Mit Hilfe der Prinzipien der Bekräftigung haben sich außerordentliche Lernleistungen erreichen lassen; so wurde Tauben durch allmähliche Formung ihres Verhaltens beigebracht, mit ihren Schnäbeln Tischtennis zu »spielen«.

Instrumentelles Konditionieren findet in der Praxis vielfache Anwendung. Wenn Sie möchten, dass eine bestimm-

Abb. 9: Operantes Konditionieren aus anderer Perspektive: »Mensch, den haben wir aber gut konditioniert. Jedes Mal, wenn ich den Hebel runterdrücke, schmeißt er Trockenfutter herein.«

te Reaktion anhält, nachdem sie erlernt worden ist – wenn Sie zum Beispiel Ihr Kind dazu bringen wollen, aufzuräumen –, dann sollten Sie nicht regelmäßig, sondern in unregelmäßigen Abständen belohnen. Wenn Sie gelegentlich eine Verhaltensweise belohnen, von der Sie eigentlich wollen, dass sie abnimmt, dann bekräftigen Sie dies Verhalten irrtümlicherweise noch (zum Beispiel Zornesausbrüche, Wutanfälle). Wenn eine Belohnung zu spät erfolgt, ist sie weitaus weniger effektiv (wenn Sie zum Beispiel einem Angestellten nicht sofort für seinen Bericht danken, sondern erst eine Woche später). Bekräftigung ist der Treibstoff für die Lernmaschine, die unabhängig davon funktioniert, ob die Bekräftigung nun positiv ist, indem sie etwas Angenehmes vermittelt, oder negativ, indem sie etwas Unangenehmes beseitigt (zum Beispiel lernen Sie dann, wenn Sie eine Aufführung verpassen, vorauszuplanen).

Skinner beurteilte Bestrafung sehr kritisch. Bestrafung wird leicht mit negativer Verstärkung verwechselt, ist aber etwas völlig anderes. Seiner Meinung nach ist die Bestrafung als Hilfsmittel zum Lernen ineffektiv, weil sie zwar schmerzhaft, aber nicht informativ ist. Denn durch Bestrafung wird ein bestimmtes Verhalten unterdrückt, ohne dass ein anderes vorgeschlagen wird. Bestrafung stellt ein komplexes Thema dar. Sie kann wirksam sein, indem sie zum Beispiel Selbstverletzungen, wie etwa den Kopf gegen die Wand zu schlagen, vermindert, und sie kann in sanfter, aber effektiver Form auferlegt werden (ein Spritzer Wasser ins Gesicht oder eine »Auszeit« von der angespannten Situation nehmen). Doch ihre Wirkung ist oft nur von kurzer Dauer oder nur auf bestimmte Fälle beschränkt (vor den Eltern nicht, jedoch weiterhin mit Freunden zu rauchen). Strafe lässt sich oft nicht sofort auferlegen, sie übermittelt wenig Information und kann ungewollt als Belohnung missverstanden werden: Die Rüge eines Lehrers kann beispielsweise bekräftigende Aufmerksamkeit für den ungezogenen Schüler bei seinen Klassenkameraden provozieren.

Die Prinzipien des instrumentellen Lernens wurden an vielen Orten wie zum Beispiel Schulen, Krankenhäusern und Justizvollzugsanstalten genutzt, um wirksame Techniken der *Verhaltensmodifikation* zu entwickeln. Sie wurden nutzbringend angewendet in der Reinlichkeitserziehung, doch ebenso in Versuchen, eigentlich unangemessene politische Kontrolle zu erlangen. Ein Grund, warum diese Art des Machtmissbrauchs vielleicht nicht mehr ein solches Risiko darstellt, wie man früher fürchtete, liegt psychologisch gesehen in der Folge von Ereignissen, die den Handlungen eines Individuums vorausgehen. In dieser Folge ist Raum sowohl für Elemente des Determinismus als auch für Elemente des freien Willens. Assoziatives Lernen ist nicht die einzige Möglichkeit, Neues aufzunehmen. Wenn Sie merken, dass in einer Werbung ein neues Auto mit sexueller Potenz assoziiert wird, können Sie entscheiden, ob Sie diese Interpretation akzeptieren wollen oder nicht. Wenn jemand aus eigennützigen Motiven nett zu Ihnen ist, stellen Sie vielleicht fest, dass der Kontakt Ihnen wenig bringt. Aus diesem Grunde scheitert die *Kontingenz.* Natürlich können wir auch andere Lernformen und andere kognitive Fähigkeiten anwenden.

Komplexes Lernen

Komplexes Lernen nutzt sowohl andere kognitive Prozesse als auch diejenigen, die am Assoziationslernen beteiligt sind. Zum Beispiel können Beobachtung, Nachahmung und Akzeptanz von sozialen Normen eine Rolle spielen, wie auch Erwartungshaltungen, die auf vorherigen Überzeugungen gründen. Ein Beispiel des *Beobachtungslernens* wird in Kasten 3.2 dargestellt.

Die Fähigkeit, früher erworbenes Wissen zu nutzen, zeigt sich in *latentem Lernen.* Wenn Sie sich die Karte einer neuen Stadt vor einer Reise dorthin angeschaut haben oder früher bereits durch diese Stadt gereist sind, lernen Sie

Kasten 3.2 Beobachtungslernen: Wenn andere mit schlechtem Beispiel vorangehen

Kleine Kinder beobachteten eine real oder im Film anwesende Person oder betrachteten eine Comicfigur, die mit Spielsachen spielt. Manchmal schlug diese Person oder Figur eine der Puppen.

Anschließend wurden die Kinder in das gleiche Spielzimmer gebracht, um mit den Puppen zu spielen. Einige Kinder waren frustriert, als der Versuchsleiter ihnen die Puppe wegnahm, mit der sie gerade spielten.

Die frustrierten Kinder neigten dazu, das aggressive Verhalten, das sie beobachtet hatten, nachzuahmen. Dabei imitierten sie reale Vorbilder eher als gefilmte oder solche im Comic.

Weitere Untersuchungen zeigten, dass Kinder eher ihnen ähnliche Vorbilder (also gleichaltrige oder gleichgeschlechtliche Kinder) sowie Menschen nachahmen, die sie bewundern.

Bandura/Walters 1963

schneller, wo was zu finden ist, als jemand, für den die Stadt vollkommen neu ist. Ihr Lernvorteil lässt sich dabei präzise messen. *Lernen durch Einsicht* verweist auch auf eine Fähigkeit, bereits im Bewusstsein bestehende Repräsentationen heranzuziehen. Dies geschieht dann, wenn Sie plötzlich die Lösung für ein Problem sehen, also etwa, wie eine kaputte Lampe zu reparieren ist. Das Verständnis kommt manchmal blitzartig. Dabei ist nicht klar, ob dies lediglich das Ergebnis vorherigen Lernens oder ob Kreativität beteiligt ist, wenn alte Antworten neu kombiniert werden, wie wir es zum Beispiel tun, wenn wir die Wörter neu kombinieren, um unsere eigenen Ideen auszudrücken.

Kognitive Lerntheorien haben sich von dem assoziativen Ansatz entfernt und versuchen, die Einflüsse anderer Prozesse wie Aufmerksamkeit, Phantasie, Denken und Fühlen zu erklären. Sobald wir die Art und Weise betrachten, wie neu Erlerntes mit dem interagiert, was schon im Kopf ist, verschwimmt die Grenze zwischen Lernen und Gedächtnis. Gedächtnis ist wie Wahrnehmung ein aktiver Vorgang und nicht nur eine Aufzeichnung all dessen, was wir gelernt haben. Je mehr wir gelerntes Material benutzen (etwa die Fähigkeit, eine französische Zeitung zu lesen, mit französischen Freunden zu reden, ihnen zu schreiben, französische Filme anzusehen oder die Grammatik zu wiederholen), desto mehr wird davon im Gedächtnis hängen bleiben. Passiv aufgenommenes Material ist schnell vergessen. Der Unterschied, den Lernen hinsichtlich dessen macht, was im Gedächtnis bleibt, lässt sich besser verstehen, wenn wir die bestimmenden Faktoren in Bezug auf das, was erinnert wird, untersuchen – wenn wir herausfinden, wie unser Gedächtnis funktioniert.

Gedächtnis: Schatten, Reflexionen oder Rekonstruktionen?

Große Ansprüche werden an das Gedächtnis gestellt, etwa dass es definiert, wer wir sind, dass es unser Verhalten formt und Grundlage für Sprache, Kunst, Wissenschaft und Kul-

Kasten 3.3 »Der Krieg der Geister«

Bartlett las Versuchspersonen eine amerikanische Indianerlegende vor. In der Legende beobachtet jemand eine Schlacht mit Geistern, erzählt anderen, was er gesehen hat, und stirbt dann plötzlich an einer Wunde, die ihm ein Geist zugefügt hat. Die Zuhörer deuteten dieses fremdartige Material, indem sie es ihren bereits vorhandenen Vorstellungen und ihren kulturellen Erwartungen anpassten. »Etwas Schwarzes kam aus seinem Mund« wurde zum Beispiel als »entweichender Atem« oder »schäumte am Mund« wiedergegeben. Die Menschen in der Geschichte wurden für Mitglieder eines Stammes namens »Die Geister« gehalten. Die Veränderungen, die die Zuhörer während des Erinnerns der Geschichte vornahmen, passten auch genau zu ihren Reaktionen und Gefühlen, als sie die Geschichte zum ersten Mal hörten. Eine Versuchsperson sagte: »Als ich die Geschichte aufschrieb, folgte ich hauptsächlich meinen eigenen Bildern.«

Bartlett 1932

tur ist. Wie funktioniert es also? Betrachten wir zuerst eine Auswahl der Forschungsergebnisse.

Schon 1932 zeigte Sir Frederic Bartlett, dass es bei der Erinnerung nicht nur darum geht, die erhaltenen Informationen genau festzuhalten, sondern sie in das einzufügen, was schon an Information vorhanden ist, und daraus einen sinnvollen Zusammenhang zu schaffen (siehe Kasten 3.3).

Nach Bartlett stützt sich der Vorgang des Abrufens aus dem Gedächtnis auf Rekonstruktionen, und diese werden beeinflusst durch die schon vorhandenen Bezugssysteme. Die Erinnerung ist also genau wie die Wahrnehmung sowohl selektiv als auch interpretativ. Sie schließt sowohl Konstruktion als auch Rekonstruktion ein.

Wir sind viel eher in der Lage, uns an die Bedeutung von Ereignissen als an genaue Einzelheiten zu erinnern. Die Bedeutung, die wir den Ereignissen verleihen, beeinflusst die Einzelheiten, an die wir uns erinnern. In der Zeit des Watergate-Prozesses verglich der Psychologe Ulric Neisser Bandaufnahmen der im Weißen Haus stattgefundenen Gespräche mit Wiedergaben dieser Unterhaltungen durch einen der Zeugen, John Deane, der ein außergewöhnlich gutes Gedächtnis besaß. Er stellte fest, dass Deanes Erinnerungen von der Bedeutung her gesehen angemessen waren, jedoch nicht in Bezug auf die Einzelheiten, und zwar einschließlich einiger besonders »bemerkenswerter« Sätze. Deane sagte richtig aus hinsichtlich dessen, was geschehen war, doch erinnerte er sich falsch an die benutzten Wörter und die Reihenfolge, in der Themen diskutiert worden waren.

In besonders wichtigen oder emotional stark aufgeladenen Augenblicken werden Details meistens besser in unserem Gedächtnis »fixiert«. Doch selbst dann können sich die Einzelheiten verblüffend unterscheiden, an die sich zwei bei demselben Ereignis Anwesende erinnern. Weil ich dem blauen Meer zugewandt war und mein Mann dem dunklen Wald, als wir beschlossen zu heiraten, streiten wir uns vielleicht zwanzig Jahre später darüber, wo wir uns zu diesem Zeitpunkt befanden, und könnten einander vorwerfen, wichtige gemeinsame Erinnerungen vergessen zu haben –

nur weil einer von uns sich an Dunkelheit und der andere an Licht erinnert. »Die Vergangenheit [...] wird immer ins Feld geführt, wenn es um Ansprüche und Gegenansprüche geht.« (Cormac McCarthy, *Grenzgänger*, S. 295)

Es ist immer noch strittig, wie wir zwischen Kläger und Gegenkläger in einer Gerichtsverhandlung entscheiden. Menschen, die in für sie schmerzhaften und schwierigen Umständen aufwuchsen, in denen sie sich vernachlässigt oder als Opfer behandelt fühlten, können sich später genau an die für sie relevante Bedeutung dieser Ereignisse in ihrer Kindheit erinnern, sich bei den Einzelheiten jedoch irren. Dies könnte einige Fälle des sogenannten »false memory syndrome«, der *Erinnerungsfälschung*, erklären. Dort heißt es von Menschen, sie hätten »Erinnerungen wiedererlangt«, zum Beispiel an an ihnen verübte sexualisierte Gewalt als Kinder, die sich letzten Endes als dem tatsächlichen Geschehen nicht angemessen herausstellen. Ebenso ist es möglich, dass man sich genau an Details ungewöhnlicher oder intensiver Erfahrungen erinnert. Der Fehler liegt darin, zu glauben, dass eine Erinnerung an Details und die Überzeugung, dass diese Details tatsächlich angemessen sind, schon beweisen, dass die Erinnerungen korrekt sind.

Auch wenn wir uns tatsächlich präzise erinnern, sind die Einzelheiten, an die wir uns erinnern, nicht in unserem Gedächtnis fixiert, sondern bleiben veränderbar. Wenn ich an einer Kreuzung einen Unfall sehe und später zu Einzelheiten des Geschehens befragt werde, zum Beispiel ob das Auto vor oder nach dem Baum anhielt, werde ich wahrscheinlich einen Baum in meine Erinnerung einbauen, selbst wenn dort keiner war. Ist der Baum erst einmal eingefügt, scheint er zu einem Teil der ursprünglichen Erinne-

Kasten 3.4 Das Gehirn eines Gedächtniskünstlers

Ein Mann konnte sich an ellenlange Reihen von Zahlen oder Wörtern erinnern, nachdem er sie nur für ein paar Sekunden gesehen hatte – er konnte sie sogar nach 15 Jahren noch vorwärts und rückwärts aufsagen. Das Gedächtnis dieses Mannes schien so zu funktionieren, dass es die erhaltene Information mit spezieller Bedeutung versah. Er assoziierte jedes Teil der Reihe mit visuellen Bildern oder anderen Sinneseindrücken. Dies machte ihm die Elemente einzigartig und »unvergesslich«. Doch diese Bilder störten anschließend dermaßen seine Konzentration, dass er nicht einmal die einfachsten Tätigkeiten wie eine Unterhaltung zu führen ausüben konnte und seine Arbeit als Journalist aufgeben musste. Das Problem war, dass jede neue Information wie etwa die Wörter, die er andere sprechen hörte, bei ihm eine unkontrollierbare Kette von ablenkenden Assoziationen in Gang setzte.

Luria 1968

rung zu werden, so dass ich nicht mehr beurteilen kann, was meine »reale« Erinnerung ist und an welche Erinnerung ich mich später erinnere. Eine erzählte Erinnerung verändert sich also beim Erzählen (was erklären könnte, wie es manchmal dazu kommt, dass wir unsere eigenen Lügen glauben). Fragen an Gerichtszeugen (»Haben Sie *einen* kaputten Scheinwerfer gesehen?« oder »Haben Sie *den* kaputten Scheinwerfer gesehen?«) beeinflussen die Erinnerung, ohne dass wir bemerken, dass solch eine Beeinflussung stattfand.

Die Menschen wünschen sich oft ein perfektes oder fotografisches Gedächtnis. Die Unfähigkeit, etwas zu vergessen, kann jedoch auch ihre Nachteile haben (Kasten 3.4). Unser kreatives, ziemlich ungenaues System des Erinnerns und Vergessens hat sich vielleicht ganz gut an unsere Zwecke angepasst.

Wie erklären Gedächtnismodelle diese so unterschiedlichen Ergebnisse? Und was sagen sie uns über die Funktionsweise des Gedächtnisses? Die kognitive Neurowissenschaft hat Schritte unternommen, um diese Fragen zu beantworten. Hier bietet sich ein gutes Beispiel für die Vorteile, die sich ergeben, wenn Psychologen und andere Wissenschaftler zusammenarbeiten. Man weiß nun von den drei verschiedenen Phasen des Gedächtnisses – Codieren, Speichern und Abrufen –, dass sie mit Aktivitäten in verschiedenen Arealen des Gehirns verbunden sind. Das *sensorische Gedächtnis* enthält eine große Menge an Information, jedoch nur für ungefähr eine Sekunde. Konzentriert man sich auf den Inhalt des sensorischen Gedächtnisses, überträgt dies die eingehende Information auf das *Arbeitsgedächtnis.* Dabei geht Information, die nicht übertragen wird, schnell verloren und kann nicht wieder abgerufen werden – ähnlich wie Lichter schnell erlöschen und Töne schnell verklingen. Das Arbeitsgedächtnis weist nur eine begrenzte Kapazität auf. Die meisten Menschen können sich etwa 7 Dinge (oder genauer 7 +/-2) durch verbales Wiederholen einprägen. Aktives Wiederholen (eine Telefonnummer vor sich hinzumurmeln oder sich zwei Nummern im Gedächtnis zu behalten, um sie zusammenzufügen) behält die Information im Arbeitsgedächtnis. Wir können die Menge, an die wir uns erinnern, erhöhen, indem wir das Material mit Hilfe der Information aus dem *Langzeitgedächtnis* zerteilen und es zu größeren, mit Bedeutung aufgeladenen Einheiten umcodieren, so dass die Grenze 7 Buchstaben, 7 Wörter oder 7 Zeilen eines Liedes sein kann (wieder die magische Nummer 7). Der Vorgang, durch den Erinnerungen im Langzeitgedächtnis codiert und gefestigt werden – die *Konsolidierung* –, findet auf zwei Wegen statt. Die *Synaptische Konsolidierung*, die in hippocampalen Arealen des Gehirns ausgeführt wird, tritt in den ersten Stunden des Lernprozesses auf. Die *Systemische Konsolidierung* enthält die Übertragung der Information zum Kortex und tritt über eine Zeitspanne auf, die zwischen Wochen bis hin zu Jahren variiert.

Untersuchungen mit funktionellen bildgebenden Verfahren ergaben, dass die Aktivität der unterschiedlichen Hirnregionen sich mit der Zeit verändert, nachdem eine neue Erinnerung erlangt wurde. Der Hippocampus spielt in diesem Prozess eine zentrale Rolle. Man weiß, dass er sowohl für das Erlernen neuer Information als auch für die Konsolidierung des Gedächtnisses wichtig ist, und dass er Eingangs- und Ausgangskanäle besitzt, die ihn mit unterschiedlichen Teilen des Gehirns verbinden. Eine bilaterale Schädigung des Hippocampus macht es unmöglich, neue episodische (d.h. ereignishafte) Erinnerungen abzulegen oder sich bewusst an Erfahrungen zu erinnern, die bis zu ein paar Jahren vor der Schädigung zurückreichen. Motorische Fähigkeiten werden normalerweise beibehalten, und prozedurale Erinnerungen (etwa wie man Fahrrad fährt) können noch immer abgelegt werden, während Erinnerungen an vorangegangene Ereignisse bis zu diesem Zeitpunkt unbeeinflusst bleiben. Dennoch sind wir noch ein ganzes Stück weit davon entfernt, genau zu verstehen, wie komplexe Erinnerungen gespeichert werden und wie wir sie dann erfolgreich abrufen können, wenn wir es wünschen – oder wie wir daran scheitern. Es mag so klingen, als ginge die Information im Langzeitgedächtnis nicht verloren, wenn wir vergessen: Es ist nur schwierig geworden, sie zu finden. Dies deutet darauf hin, dass Vergessen auftritt, weil ähnliche Erinnerungen verwechselt werden und sich gegenseitig blockieren, wenn wir sie abrufen wollen. Falls wir also nicht das Gehirn eines Gedächtniskünstlers haben, verwechseln wir leicht eine unserer früheren Geburtstagsfeiern mit einer anderen, und wir erinnern uns schließlich nur an die Wichtigkeit einzelner Feiern, aber nicht mehr daran, was nun genau geschah, als wir 5 oder 10 oder 15 Jahre alt wurden. Allgemeine Bedeutungen sind wichtiger als Details, es sei denn, etwas hebt die Einzelheiten für uns hervor (unser achtzehnter Geburtstag oder eine Überraschungsparty).

Wie können wir also feststellen, was wirklich geschah? Ist das überhaupt nötig? Ein Blick auf die Evolution kann vielleicht erklären, warum unser Gedächtnis so funktioniert, wie wir (bisher) wissen. Unsere Erinnerungssysteme entwickelten sich nicht, weil es nötig wurde, die Objekte und Ereignisse der Welt zu katalogisieren, sondern weil wir in einer sich verändernden Welt überleben mussten. Es gibt Dinge, an die wir uns erinnern müssen, zum Beispiel daran, wie wir nach Hause finden oder unsere Fehler korrigieren oder Gefahr erkennen. Es gibt aber auch Dinge, die wir uns nicht merken müssen, wie beispielsweise genaue Details aus unserer Vergangenheit. Wir müssen auswählen, interpretieren und eine Sache mit einer anderen verbinden, um auf diese Weise eingehende Information und das, was wir lernen, zu nutzen. Das Erinnern ist eine Aktivität, die uns dabei hilft, diese Dinge zu tun.

Lernen und Gedächtnis sind aktive Systeme, wie das in Kapitel 2 beschriebene Wahrnehmungssystem, die Gliederungsprinzipien verwenden. Informationen bleiben zum Beispiel dann leichter im Gedächtnis, wenn sie relevant sind, sich von anderen Informationen unterscheiden, wenn mit ihnen gearbeitet und sie mit Bedeutung versehen statt oberflächlich verarbeitet wurden. Es ist dann von Vorteil, Informationen, an die wir uns erinnern wollen, zu systematisieren, wenn wir uns an sie erinnern wollen (etwa an »Essen fürs Picknick« oder »Schulbrot« zu denken, während wir durch den Supermarkt laufen). Man hat einige allgemeingültige Gesetzmäßigkeiten zur Strukturierung von Informationen entdeckt, doch gleichzeitig entwickelt jeder von uns ein persönliches, auf frühere Erfahrungen gründendes Strukturierungssystem. So codieren oder strukturieren wir neue Informationen unterschiedlich und haben auch beim Abruf unterschiedliche Prioritäten oder Interessen. Dies hilft uns, uns an die Gegenwart anzupassen: Wir können Situationen meiden, die uns beunruhigen, und Arbeit suchen, die uns befriedigt. Es bedeutet aber auch, dass unsere Erinnerungen nicht nur Momentaufnahmen der Vergangenheit sind. Genauso wie die Wahrnehmung der Außenwelt und unsere Konzentration auf sie beinhalten, Ansichten der Realität zu konstruieren, sehen wir jetzt, dass auch Lernen und Erinnern aktive, konstruktiv verfahrende Prozesse sind. Außerdem ist die Genauigkeit unserer Erinnerungen für viele Zwecke vermutlich irrelevant. Um das, was im Gedächtnis bleibt, besser zu nutzen, ist es wahrscheinlich wichtiger, sich an Bedeutungen zu erinnern und diese zu nutzen, während wir denken, argumentieren und miteinander kommunizieren, als sich genau zu erinnern, was im Einzelnen passiert ist.

4
Wie nutzen wir, was im Bewusstsein ist? Denken, Argumentieren und Kommunizieren

Gedankenlos zu handeln, nicht innezuhalten, um zu überlegen, unvernünftig oder unlogisch zu sein und die eigenen Gründe, warum man etwas tut, nicht erklären zu können – all das sind Schwächen, gegen die niemand gefeit ist. Gemeinhin gilt solches Tun als *Versagen*: Wir *sollten* denken, ehe wir handeln, *sollten* wohlüberlegt und vernünftig handeln und in der Lage sein, klar zu kommunizieren. Psychologen haben jedenfalls überraschende Fakten in Bezug darauf entdeckt, wie dies alles funktioniert. Im Folgenden geht es um einige Entdeckungen aus jüngster Zeit. Im Jahr 2002 erhielt Daniel Kahneman – von dem Philosophen Steven Pinker als »einer der einflussreichsten Psychologen der Geschichte« bezeichnet – den Nobelpreis, und zwar den für Wirtschaftswissenschaften. Wieso sollte dieser Preis einem Psychologen verliehen werden? Die Antwort findet sich in seiner Arbeit zum Denken und Argumentieren. Diese Arbeit half dabei, das neue Feld der *Verhaltensökonomie* zu bestimmen, das heute viele Regierungen in der westlichen Welt beachten. 2011 richtete zum Beispiel die Regierung Großbritanniens »Behavioural Insight Teams« ein, deren Aufgabe darin besteht, bestimmte psychologische Forschungsergebnisse auf die Tätigkeiten der Regierung anzuwenden. Verhaltensökonomen untersuchten die Effekte von sozialen, kognitiven und emotionalen Faktoren in den wirtschaftlichen Entscheidungen von Individuen und Institutionen. Diese unterliegen natürlich denselben Einflüssen wie andere Urteile und Entscheidungen, die wir treffen, und bilden ebenso ein zentrales Thema der Psychologen.

In Kapitel 2 und 3 wurde vorgebracht, dass das, was in unser Bewusstsein gelangt und anschließend dort bleibt, nicht ausschließlich von der Beschaffenheit der objektiven Realität, sondern auch von an der Wahrnehmung, dem Lernen und Erinnern beteiligten Prozessen bestimmt wird. Wenn wir einen Sinn in dem erkennen können, was wir wahrnehmen, wenn wir die Informationen, die wir brauchen, abrufen und zum Denken, Argumentieren und Kommunizieren einsetzen können, dann können wir Pläne machen, Ideen haben, Probleme lösen, uns mehr oder weniger phantastische Möglichkeiten vorstellen und anderen davon erzählen.

Denken: Die Kosten und die Nutzen

Denken verbraucht Energie, und die Energie sowie unser Verbrauch von Energie haben sich dahin entwickelt, supereffizient zu sein. Das menschliche Gehirn läuft auf etwa einem Viertel der Energie einer 80- bis 100-Watt-Glühbirne, während es alles das kontrolliert, was wir tun: unsere Sinne, Bewegungen, innere Zustände wie die Verdauung und unser Denken. Von jeher war es wichtig, Systeme zu entwickeln, die nur dann Energie einsetzen, wenn es dabei etwas zu gewinnen gibt – daher wahrscheinlich die Relevanz des Ansatzes für die Ökonomie. Eine von Kahnemans wichtigsten Thesen besagt, dass wir zwei Denksysteme entwickelt haben, die anhand ihres Energieaufwands voneinander unterschieden werden können, nämlich ein schnelles System, das uns wenig kostet, und ein langsames, das uns viel Energie kostet. Diese zwei Systeme weisen sowohl unterschiedlich hohe Nutzen als auch unterschiedlich hohe Kosten auf.

System 1 ist das schnelle, intuitive und automatische System. Sein Nutzen besteht darin, dass seine Anwendung minimalen Aufwand erfordert; die Kosten bestehen darin, dass es Abkürzungen nimmt und Fehler macht. Die meiste Zeit funktioniert es gut: Vervollständigen Sie den Satz »Brot und ...«; addieren Sie 2 + 2 = ...; entscheiden Sie, wann Sie das Auto vor Ihnen überholen; erkennen Sie auf einen Blick, dass jemand wütend ist. Diese Aufgaben benötigen weder viel Aufwand noch bewusste Kontrolle, da Sie sie ausführen können, ohne darüber nachzudenken – zumindest nachdem einige sprachliche, mathematische, Fahr- und soziale Fertigkeiten erworben wurden. System 1 hilft uns dabei, intuitive Urteile zu fällen, so dass wir einer Gefahr entkommen können, ohne über diese länger nachdenken zu müssen, und es verwendet Information, die wir im assoziativen Gedächtnis gelernt und gesammelt haben, damit wir Überraschungen von gewöhnlichen Ereignissen unterscheiden und erlangte Fertigkeiten automatisch anwenden können. Obwohl uns System 1 die meiste Zeit gute Dienste leistet, springt es auch zu Schlussfolgerungen, die auf bloßen Faustregeln oder »Heuristik« beruhen und die Verzerrungen in unser Denken und Argumentieren einführen. Beispiele werden weiter unten vorgestellt.

Das Denken in *System 2* ist langsames, absichtliches und aufwendiges Denken. Mit ihm einher geht der Nutzen des bewussten Denkens und der Rationalität, doch weist diese Form des Denkens hohe Energiekosten auf. Es erfordert Aufmerksamkeit, die begrenzt ist. Wenn unsere Aufmerksamkeit völlig dadurch vereinnahmt ist, Pässe einer Gruppe Basketballspieler zu zählen, sind wir – wie wir in Kapitel 2 gesehen haben – blind gegenüber dem Gorilla, der hinter den Spielern vorbeiläuft (S. 42). System-2-Denken ist: zu entscheiden, welches Auto man kauft, die Steuererklärung auszufüllen, zu erklären, wie der DVD-Player funktioniert – das alles ist ermüdend. Es kann uns auch leicht nerven, da unsere Gehirne darauf ausgelegt sind, Energie zu sparen – und bewusstes Nachdenken verlangt Einsatz. Das »*Gesetz des geringsten Aufwandes*« prägt die ganze Zeit unsere Denkprozesse: Es besagt, dass Menschen sich bei der Wahl zwischen mehreren Möglichkeiten, ein und dieselbe Sache zu tun, zu dem einfachsten Weg hingezogen fühlen. Aus diesem Grund beschreibt Kahneman das Denken in System 2 als faul. Aufmerksamkeit auf etwas zu richten, hilft uns dabei, unser Wissen zu erlangen und es anzuwenden, doch hat alles sehr wortwörtlich seinen Preis.

Die Arbeitsteilung zwischen System 1 und System 2 ist höchst effizient. So läuft System 1 zum Beispiel automatisch ab und bringt Intuitionen und Eindrücke hervor, während System 2 sich nur dann einschaltet, wenn es wirklich nötig wird, höheren Aufwand zu betreiben. Ich kann sehr leicht erraten, ob mir der richtige Wechselgeldbetrag herausgegeben wurde, doch um dies genau zu überprüfen, muss ich innehalten und nachdenken. Auch kulturell und persönlich relevante Informationen können herangezogen werden: Ich realisiere sofort, dass sich meine Kollegin unwohl fühlt, und denke darüber nach, wie ich sie von dem

Druck der Konferenz entlasten kann. System 2 wird unterbrochen, wenn die Aufmerksamkeit von ihm abgelenkt wird. Manchmal ist dieser Umstand ertragreich: Sie verlieren den Faden in einem Gespräch, wenn Sie ein Kind aufschreien hören (automatisch alarmiert durch System 1), in anderen Momenten ist es störend: Sie sind irritiert vom Schmatzen der Person, die neben Ihnen im Kino sitzt, und verlieren deshalb den Faden.

Um den geringen Energievorrat möglichst effizient zu nutzen, neigen wir dazu, uns wann immer möglich auf System 1 zu stützen. Auf diese Weise entstehen einige typische Fehler. Das Risiko, das wir durch diese Vorauswahl eingehen, wird durch ein Beispiel von Kahneman illustriert. Lesen Sie das folgende einfache Rätsel und erlauben Sie Ihrer Intuition, schnell eine Antwort zu liefern.

Ein Schläger und ein Ball kosten zusammen 1,10 Euro.
Der Schläger kostet einen Euro mehr als der Ball.
Wie viel kostet der Ball?

Welcher Betrag kam Ihnen zunächst in den Sinn? Die schnelle und leichte (System-1-) Antwort ist 10 Cent. Doch diese intuitive Antwort ist falsch: Ihr entsprechend würde der Schläger 1 Euro kosten, was bloß 90 Cent teurer als der Ball wäre. Beziehen Sie System 2 mit ein, um das Rätsel zu lösen, und Sie werden die richtige Antwort finden. Wie Sie schnell feststellen können, benötigt diese Variante mehr Energie und – zumindest ein wenig – konzentrierten Aufwand (Lösung auf S. 87).

System 1 macht automatisch Gebrauch von assoziativen Verbindungen im Gehirn, unter diesen auch Verbindungen zum Körper und zu Emotionen, die in der Folge unsere Handlungen und Gefühle beeinflussen – wieder auf Wegen, derer wir uns nicht bewusst sind und die wir deshalb nicht verhindern können. Die Forschung zu *Priming* ist aufschlussreich. Zum Beispiel verhielten sich Menschen, nachdem sie Zeichen für Geld ausgesetzt worden waren (etwa einem Bildschirmschoner mit fliegenden Geldscheinen), anders: Sie wurden unabhängiger, hielten länger schwierige Probleme durch, saßen weiter entfernt von anderen Personen und waren anderen gegenüber weniger hilfsbereit (sie hoben seltener Bleistifte auf, die ein ungeschickter Eingeweihter des Forscherteams fallen ließ). Wenn junge Menschen mit in durcheinandergewürfelten Sätzen versteckten Wörtern konfrontiert werden, die in Assoziation mit hohem Alter in den USA stehen (Florida, vergesslich, kahlköpfig), ohne jedoch das Alter explizit zu erwähnen, dann gehen sie in Folge langsamer den Gang hinunter, wenn sie das Gebäude verlassen. Obwohl sie diese Worte vollkommen unbewusst aufnahmen, hat die Tatsache, dass sie sie sahen, ihre Handlungen beeinflusst und einen *ideomotorischen Effekt* produziert. Es funktioniert auch umgekehrt: Bitten Sie Menschen, langsam zu gehen, und sie werden schneller, wenn sie die Wörter, die mit hohem Alter assoziiert werden, wahrnehmen. Menschen neigen eher dazu, Seife, Desinfekt oder Spülmittel statt Batterien, Saft oder Zuckerstangen zu kaufen, wenn sie daran denken, einem Kollegen in den Rücken zu fallen. Wie Kahneman es ausdrückt: »Das Gefühl, sich psychisch beschmutzt zu haben, scheint den Wunsch auszulösen, seinen Körper zu reinigen.« Hier handelt es sich um den sogenannten »Lady-Macbeth-Effekt«. Dieser beeinflusst sogar

Verbindungen zu verschiedenen Teilen des Körpers: Wenn Sie jemanden auffordern, eine fremde Person am Telefon zu belügen, bevorzugt derjenige später Mundspülung statt Seife. Die Lüge in einer E-Mail zu übermitteln, verschiebt die Präferenz hin zu Seife. Diese Erkenntnisse untermauern Theorien der *verkörperten Kognition*, die besagen, dass fast alle Aspekte der Kognition von »Niedrig-Level«-Anlagen wie dem sensomotorischen System und den Emotionen abhängig sind und diese Anlagen verwenden. Sie sind also sowohl im Körper als auch im Bewusstsein verwurzelt. Zu welchem Grad System 1 – Denken, das mühelos, automatisch und der Reflexion unzugänglich ist – unser Verhalten beeinflusst, zeigt sich besonders gut in dem in Kasten 4.1 dargestellten Experiment.

Die Analyse von System 1 zeigt, dass unser Denken Ziel von Einflüssen ist – und immer sein wird –, derer wir uns nicht bewusst sein können. Tatsächlich ist bewusstes Nachdenken über manche Tätigkeiten, die automatisch ablaufen (wie etwa die Treppe hinunterzulaufen) erstaunlich störend. Es erhöht die Effizienz unserer Tätigkeiten, sie in das Unterbewusstsein zu verbannen. Dies erlaubt uns, sie auszuüben, ohne einen Gedanken daran zu verschwenden, auch wenn solches gelegentlich dazu führt, in Gedanken verloren zu sein – wie die tiefgefrorenen Erbsen in den Brotkasten zu legen oder nach Hause zu fahren und doch noch zu vergessen, wie geplant den Umweg zum Briefkasten zu machen. Das lässt dem Denken Freiraum für wichtigere Dinge. Untersuchungen zu diesen *kognitiven Ausfällen* zeigen, dass sie mit Stress, Müdigkeit oder Verwirrung zunehmen. Sie können dadurch reduziert werden, dass man »abschaltet«.

Kasten 4.1 Verborgene Einflüsse auf unser Verhalten

In der Nähe einer »Vertrauenskasse«, in die Menschen einzahlen konnten, um sich an der Kaffeekasse zu beteiligen, platzierten Forschende der Newcastle University in Großbritannien abwechselnd Poster, auf denen entweder Augen oder Blumen abgebildet waren. Jedes Bild wurde jeweils eine Woche lang ausgestellt. In den Wochen, in denen Augen ausgestellt wurden, waren die Beiträge höher als in den Wochen mit Blumenabbildungen. Während der gesamten zehn Wochen der Studie waren die Geldbeträge in den »Augen-Wochen« fast dreimal so hoch wie in den »Blumen-Wochen«. Es wurde angenommen, dass »die entwickelte Psychologie der Kooperation hoch sensibel gegenüber subtilen Hinweisen ist, beobachtet zu werden«, und dass diese Erkenntnisse Auswirkungen darauf haben könnten, wie wirksame Anstöße für gesellschaftlich vorteilhafte Ergebnisse geboten werden können.

In dieser Feldstudie in der »echten Welt« wurde die Vertrauenskasse von einer Person eingerichtet, die die Teilnehmenden wahrscheinlich kannten. Dies könnte deren Verhalten beeinflusst haben. Eine Folgestudie, die die Menge des Mülls maß, der in einer großen Kantine hinterlassen wurde, fand ebenso heraus, dass Menschen weniger Müll gegenüber dem Augen-Poster als dem Blumen-Poster hinterließen, und dass ihr Verhalten von Postern nicht beeinflusst wurde, die dazu ermahnten, den eigenen Müll wegzuräumen, oder andere, nicht auf das Müll-Problem bezogene Slogans zeigten. Es scheinen starke Verbindungen zwischen Bildern von Augen, dem Gefühl, beobachtet zu werden, und der Entscheidung, sich an dieser Art des kooperativen Verhaltens zu beteiligen, zu bestehen.

Bateson/Nettle/Roberts 2006;
Ernest-Jones/Nettle/Bateson 2011

Nicht-bewusst ablaufende geistig-seelische Vorgänge beeinflussen unser Denken nachweislich, obwohl sie außerhalb unserer bewussten Wahrnehmung stattfinden. Lösungen zu Problemen oder kreative Einfälle können uns ganz plötzlich einfallen, scheinbar ohne vorheriges Überlegen, und uns neue Wege nach vorn zeigen: Plötzlich verstehen wir, wie wir einen Handel abschließen oder ein kaputtes Fenster reparieren können. Noch überraschender ist, dass wir auch Entscheidungen für bestimmte Handlungen treffen können, ohne uns dessen bewusst zu sein. Olympische Sprinter können in weniger als einer Zehntelsekunde losrennen, noch ehe sie bewusst den Knall der Startpistole gehört haben. Es lassen sich Veränderungen in der Hirntätigkeit feststellen, noch ehe sich die Menschen ihrer Absicht, sich zu bewegen, bewusst werden. Haben sie die Entscheidung, sich zu bewegen, getroffen oder nicht?

Urteilen: Den eigenen Kopf benutzen

Man könnte nun vermuten, dass Urteile aus System 2 zuverlässiger sind und uns erlauben, Information bewusst wahrzunehmen oder zu ignorieren, die uns ansonsten unversehens beeinflussen könnte, wie etwa die Suggestion in Werbungen, dass Erfolg mit dem Besitz bestimmter teurer Produkte einhergeht. Wir eignen uns die Bausteine der Vernunft an: Wir denken mit Bildern und mit Worten, wir verwenden Konzepte, erschaffen und definieren sie, erkennen ihre klaren oder verschwimmenden Grenzen, benutzen sie, um Prototypen festzulegen und Stereotypen zu erkennen. Wir rüsten uns mit Fertigkeiten, die wir benötigen, um ein vernunftgeleitetes Leben zu führen, etwa die Methoden des *deduktiven* und *induktiven* Schließens. Doch selbst diese werden nachweislich von psychischen Prozessen beeinflusst. *Deduktives Schließen* folgt formellen Regeln, die uns erlauben, Schlüsse zu ziehen, die notwendigerweise den Vorgaben folgen, auf denen sie aufbauen. Aus den zwei Vorgaben »Jeder mit hellem Haar hat blaue Augen« und »Sam hat helles Haar« können wir gültig den Schluss ziehen: »Sam hat blaue Augen«. Die Konklusion – der Schlusssatz des Arguments – ist nur dann falsch, wenn eine der Prämissen falsch ist (was die erste offensichtlich ist), doch bleibt in diesem Falle die logische Folgerung korrekt. Doch selbst dann, wenn wir erfolgreich logisch argumentieren, schleichen sich Verzerrungen und Fehler ein. Zum Beispiel neigt unser Denken dazu, unsere gegenwärtigen Überzeugungen zu bestätigen, und ist abgeneigt, Informationen anzunehmen, die diesen widersprechen. Forschungsergebnisse, die zeigen, dass Rauchen Krebs verursacht oder dass die Leistung einer Gruppe erfahrener Investoren am Aktienmarkt nicht über eine Schwelle hinauskommt, die von reinem Glück bestimmt ist, waren nicht willkommen bei denjenigen, die Zigaretten oder Aktien verkauften, und (anfänglich) waren diese Ergebnisse für sie schwer zu akzeptieren.

Induktives Schließen beinhaltet, Schlüsse zu ziehen, die wahrscheinlich wahr sind, auch wenn Informationen, die bisher noch nicht erworben wurden, zeigen könnten, dass sie falsch sind. Diese Art des Schließens wird häufig im Alltagsleben angewandt: »Mary kritisierte, was ich gesagt hatte, und wischte meine Argumente einfach beiseite.« »Daher ist Mary ein kritischer Mensch.« Meistens funktioniert das sehr gut, ist jedoch auch das Ergebnis gängiger Verzerrungen: etwa Informationen ausfindig zu machen, die unsere Schlüsse (oder unseren Verdacht) bestätigen, anstatt den mühsamen Prozess auf sich zu nehmen, nach Informationen zu suchen, die diese schwächen: dass eher ich viele Fehler begehe, und eben nicht, dass Mary immer kritisch ist. William James formulierte es so: »Viele Menschen denken, sie denken, obwohl sie in Wirklichkeit lediglich ihre Vorurteile neu sortieren.«

Das Denken in System 2, bei dem einiger Aufwand betrieben wird, hilft uns dabei, rational zu sein. Das System ermöglicht uns, uns Dinge zu erarbeiten: Regeln zu befolgen und bewusst miteinander zu vergleichen, zu wählen und zu entscheiden. Doch es hat begrenzte Kapazitäten und muss Energie sparen. Seine Aktivitäten sind von den Tätigkeiten und Strukturen unserer Gehirne bestimmt; geformt durch unsere Evolutionsgeschichte, mit dem Ergebnis, dass wir mentale Anstrengung scheuen. Deswegen wenden wir lieber System 1 bzw. anstrengungsreduzierende Heuristik an und unterliegen weiterhin Verzerrungen. Eine der großen Debatten beispielsweise in der Verhaltensökonomie beschäftigt sich damit, bis zu welchem Grad wir uns wie vernünftige Wesen verhalten. Viele der Befunde legen nahe, dass wir das in einem sehr viel geringeren Maß tun, als wir denken.

Der *Anker-Effekt* ist wahrscheinlich die bekannteste und weitestverbreitete kognitive Verzerrung, die unsere Vernunftfähigkeit beeinträchtigt. Kahneman und sein Kollege Tversky manipulierten ein von 0 bis 100 markiertes Glücksrad, so dass es nur bei den Ziffern 10 und 65 stehen blieb. Nachdem sie das Rad gedreht hatten, stellten sie den Teilnehmenden des Experiments einige völlig zusammenhanglose Fragen wie »Wie hoch ist Ihrer Schätzung nach der Prozentanteil afrikanischer Nationen in der UN?« Diejenigen, die die Nummer 10 sahen, schätzten 25 %; diejenigen, die die Nummer 65 sahen, schätzten 45 %. Sie alle waren von einer komplett irrelevanten Zahl beeinflusst worden, und ihre Schätzungen wurden von dem jeweiligen Anker »angezogen«, den sie sahen. Immobilienmakler, die durch einen hohen, aber irrelevanten Anker im Vorfeld beeinflusst worden waren, kamen bei der Bewertung eines Hauses auf einen höheren Wert als jene, die durch einen niedrigeren Anker beeinflusst worden waren (und ein höherer Einstiegspreis kann einen höheren Wert nahelegen und bringt daher höhere Angebote ein). Dies scheint sowohl eine Frage der Suggestion (in Bezug auf den Wert) als auch eine Folge davon zu sein, dass trotz des Wissens um die Verzerrung (dass der Angebotspreis überhöht sein könnte) keine ausreichende Anpassung vorgenommen wurde. Wenn Sie Leute bitten, zu nicken oder den Kopf zu schütteln, als würden sie Ja oder Nein sagen, passen sie sich weniger an: Sie bleiben näher an dem dargebotenen Anker, wenn sie nicken, als wenn sie den Kopf schütteln.

Die *Verfügbarkeitsheuristik* ist die Einschätzung der Wahrscheinlichkeit, dass ein bestimmtes Ereignis eintritt. Sie stützt sich darauf, wie einfach es ist, scheinbar relevante Momente in unser Bewusstsein zu rufen. Je einfacher diese verfügbar sind, desto wahrscheinlicher wird es uns scheinen. Wenn also der Drucker nicht funktioniert, überprüfe ich, ob er eingeschaltet ist, denn das war bisher mein üblicher Fehler. Die Heuristik bringt oft Vorteile für Problemlösungen mit sich, die ihre Nachteile aufwiegen. Der größte Nachteil besteht darin, dass eine Vielzahl an bestimmenden Faktoren in Bezug auf Verfügbarkeit besteht – dasjenige, was einem bereitwillig ins Bewusstsein kommt – wie etwa, ob *vor kurzem* auf Informationen zugegriffen wurde, ob diese besonders *lebhaft* oder *emotional* aufgeladen sind. All diese Faktoren mögen für logisch fundierte Schlüsse irrelevant sein. Menschen, die Flugangst haben, neigen dazu, die Wahrscheinlichkeit eines Flugzeugabsturzes zu überschätzen, doch tun sie das in noch dramatischerer Art und Weise, wenn sie kürzlich von einem Flugzeugabsturz gelesen haben. Einige weitere Verzerrungen, die unser Denken beeinflussen, finden sich in Kasten 4.2 aufgelistet.

In den meisten Bereichen unseres Lebens fällen wir fast ständig Urteile und treffen Entscheidungen, obwohl wir keineswegs sicher sind, das Richtige zu tun. Ohne die Antwort zu wissen, überlegen wir, was zu tun ist oder was passieren wird. Wird es regnen? Kann ich mir einen Urlaub leisten? Wie stehe ich beruflich da? Wir haben die Fähigkeit zu logischem Denken sowie dazu, einige offensichtli-

Kasten 4.2 Die Ursprünge einiger klassischer Denkfehler

Prävalenzfehler oder *Missachtung der Basisraten*: Ein Urteil über die Wahrscheinlichkeit, wie etwas enden wird (beispielsweise, dass Ihr Unternehmen erfolgreich sein wird), ohne die üblichen Wahrscheinlichkeiten zu beachten (wie eine Erfolgsquote von 25 % in diesem Bereich).

Framing: Dieselbe Information auf jeweils verschiedene Weisen zu präsentieren, ruft verschiedene Emotionen hervor (das Glas ist halb voll oder halb leer) und mündet in verschiedene Entscheidungen.

Halo-Effekt oder *übertriebene emotionale Kohärenz*: Eine gute (oder schlechte) Eigenschaft zu bemerken, führt zu der Annahme, dass der Rest ebenfalls gut (oder schlecht) ist.

Intensity Matching: Die Annahme, dass Eigenschaften, die in einer Dimension gemessen werden können, einfach mit Eigenschaften einer anderen Dimension zu vergleichen sind, wie zum Beispiel: »Jim ist genauso groß wie klug.«

Aversion gegen Verlust: Verluste scheinen von größerer Bedeutung für uns zu sein als Gewinne. Wir werden härter dafür arbeiten, 500 € nicht zu verlieren, als dafür, 500 € zu gewinnen.

Selbstüberschätzung: Wir überschätzen das Ausmaß unseres Wissens und unterschätzen die Rolle des Zufalls.

Endowment- oder Besitztumseffekt: Die Tendenz, etwas höher zu bewerten, wenn wir es besitzen, als wenn es jemand anderer besitzt.

che Ursachen der Irrationalität zu vermeiden. Wir können Energie sparen, indem wir in automatisch ablaufende Muster fallen, ohne unser Leben in Gefahr zu bringen (wir können etwa gleichzeitig auf der Autobahn fahren und eine interessante Unterhaltung führen). Beide Systeme haben ihren Nutzen, wenn wir uns mit Problemen auseinandersetzen müssen.

Psychologen, die Problemlösungsverhalten untersuchen, sind besonders daran interessiert, wie dieses von Erfahrungen aus der Vergangenheit – von im Gedächtnis gespeicherten Informationen – beeinflusst wird. Es klingt plausibel, dass wir im Allgemeinen Probleme leichter lösen, je mehr Erfahrung wir haben. Dies ist als *positiver Transfer* bekannt. Es erklärt, warum Erwachsene Probleme leichter als Kinder und Fachleute diese leichter als Anfänger lösen. Fachleute können zwar besser Schachprobleme lösen, doch sowohl Anfänger als auch Fortgeschrittene profitieren von einer *Inkubationszeit,* in der sie gar nicht (bewusst) über das Problem nachdenken. Wurde eine Strategie für die Lösung eines Problems gefunden, bedarf es vielleicht besonderer Fertigkeiten, um diese Strategie umzusetzen, sowie bestimmter Fertigkeiten, um einen Fortschritt als Fortschritt zu beurteilen. Fachleute sind nachweislich besser darin, Strukturen zu erkennen, die für die Problemlösung relevanten Regeln abzurufen und Strategien zu vermeiden, die nur in eine Sackgasse führen. Experten können jedoch auch bei der Lösung von Problemen scheitern, gerade weil sie dieselben Strategien und Regeln anwenden, die sie schon bei früheren Problemen eingesetzt haben. Die Entwicklung eines bestimmten *Repertoires an Denkmodellen* verhindert, dass wir jedes Mal das Rad neu erfinden müssen, aber es verlangsamt auch unser Tempo, wenn wir uns neuen Schwierigkeiten gegenübersehen. Es ist bemerkenswert, wie blind Fachleute manchmal sein können (siehe Kasten 4.3).

Kasten 4.3 Repertoire an Denkmodellen

Studenten einer Universität wurde ein Problem vorgelegt, bei dem sie eine Reihe von Karten mit den Buchstaben A und B betrachten und dann die »korrekte« Reihenfolge ermitteln sollten (zum Beispiel sollte der Buchstabe links auf der ersten Karte und der Buchstabe rechts auf der zweiten Karte gewählt werden). Nachdem eine Reihe von Sequenzproblemen gelöst worden war, wurde die Art des Problems geändert, so dass die Wahl des Buchstabens A immer richtig und die des Buchstabens B immer falsch war. 80 % der Studenten gelang es in 100 Versuchen nicht, dieses – banale – Problem zu lösen. Keiner von denen, die das Problem nicht lösen konnten, wählte später aus sechs vorgegebenen Möglichkeiten die richtige Lösung.

Levine 1971

Funktionalisierung, d. h. das Nachdenken über Gegenstände allein unter dem Aspekt ihrer Funktionen, ist eine weitere gedankliche Einstellung. Ein Umschlag ist etwas, in das man einen Brief steckt, und kein Behälter für Zucker bei einem Picknick. Um das Zuckerproblem beim Picknick zu lösen, muss man neu und kreativ z. B. über Umschläge nachdenken. Diese Art von Kreativität ist auf verschiedene Weise gemessen worden. Man hat das Ausmaß getestet, in dem die Menschen *divergierend* denken und ihren Ideen freien Lauf lassen, so dass viele Lösungen entstehen, oder in dem sie *konvergierend* denken, wobei sie einer Reihe von Schritten folgen, die vermeintlich zu der einen, richtigen Lösung eines Problems führen. Menschen gelten als umso divergierender oder kreativer, je mehr Anwendungsmöglichkeiten sie für alltägliche Gegenstände wie einen Ziegelstein finden können. Kreativität kann auf vielen Wegen Anwendungen finden: Kreative Menschen sind besser als andere darin, ihre Handlungen zu rationalisieren, und wurden dabei beobachtet, dass sie außerdem mehr betrügen.

Wir wissen, dass Kreativität sich schon früh zeigt: Kleine Kinder können vertraute Begriffe auf neue und phantasievolle Weise benutzen. Eine Umgebung, die unabhängiges Denken auf sichere Art und Weise fördert, steigert die Kreativität. Kreativität ist in den Künsten, in der Naturwissenschaft, in der Küche oder im Büro wichtig. Sie kann die Anpassungsfähigkeit erhöhen, weil sie den Einfallsreichtum fördert, der bei ständig sich verändernden Bedingungen in Anspruch genommen werden muss. Sie verlangt eine Flexibilität des Denkens und die Fähigkeit, Grenzen zu überschreiten (siehe Kasten 4.4). Sie ist, was manche Menschen überrascht, kaum an Intelligenz gebunden. Mindes-

Kasten 4.4 Das Neun-Punkte-Problem

Aufgabe: Versuchen Sie, mit höchstens vier geraden Linien und ohne den Stift vom Papier zu heben, sämtliche Punkte in diesem Diagramm zu verbinden.

Lösung auf S. 87.

tens ebenso wichtig bei der Schaffung von Kreativität sind Nonkonformität, Selbstvertrauen, Neugier und Beharrlichkeit.

Kommunizieren: eine Botschaft übermitteln

Die zwei Denkweisen, die in diesem Kapitel vorgestellt wurden, beeinflussen unweigerlich die Art und Weise, wie wir kommunizieren. Oft werden wir von den Eindrücken des schnellen und simplen Denkens in System 1 geleitet, damit die Kommunikation effektiver wird, wenn sie Aufmerksamkeit erregen soll: etwa im Gebrauch einfacher Ausdrücke oder Reime (»Ohne Fleiß kein Preis«, jedoch eher nicht: »Ohne Fleiß keine Belohnung«) oder in der Verwendung heller, klarer Farben beim Schreiben. Dies unterliegt denselben Verzerrungen. Menschen, die aufgefordert werden, ihre Kreditkartenabrechnungen zu begleichen, reagieren je nachdem, welcher Anker ihnen präsentiert wurde, unterschiedlich. Der Vorschlag einer niedrigen Mindestzahlung bringt Menschen dazu, weniger zu zahlen, als

Kasten 4.5 Beeinflusst Sprache die Aneignung geistiger Fähigkeiten?

Kinder, die asiatische Sprachen sprechen, schneiden in der Mathematik regelmäßig besser ab als Kinder mit englischer Muttersprache. In ihren Sprachen basieren die Zahlenwörter auf einem Zehnersystem (12 wird zum Beispiel als »zehn-zwei« bezeichnet). Einige Kinder aus drei asiatischen und drei westlichen Ländern wurden im ersten Schuljahr gebeten, blaue Klötze, die zehn Einheiten darstellten, und weiße Blöcke, die je eine Einheit darstellten, aufeinanderzustapeln, so dass sie eine bestimmte Zahl ergaben. Mehr asiatische als westliche Kinder waren in der Lage, für jede Zahl zwei korrekte Konstruktionen zu erstellen. Die asiatischen Schüler benutzten häufiger als die westlichen Kinder zwei Klötze, die 10 Einheiten darstellten. Die westlichen Kinder verwendeten die weißen Blöcke häufiger als die asiatischen Kinder.

Ergebnis: Sprachliche Unterschiede könnten mathematische Fertigkeiten beeinflussen.

Diese Erkenntnisse werden noch durch den Befund gestützt, dass zweisprachig aufgewachsene asiatisch-amerikanische Kinder bei mathematischen Tests ebenfalls besser abschneiden als jene, die nur Englisch sprechen.

Miura [u. a.] 1994

wenn ihnen eine höhere Mindestzahlung vorgeschlagen wird, und mündet insgesamt in einer niedrigeren tatsächlichen Zahlung. Je höher der Betrag der vorgeschlagenen Mindestzahlung – oder des Ankers –, desto mehr zahlen die Menschen und desto größer ist die Wahrscheinlichkeit, dass sie ihre Rechnungen komplett begleichen.

Nach der Theorie der *linguistischen Relativität* formt die Sprache die Wahrnehmungs- und Denkgewohnheiten. Die Verwendung verschiedener Sprachen gibt daher unterschiedliche Sichtweisen der Realität wieder. Inuit haben zum Beispiel viele verschiedene Ausdrücke für Schnee, das Französische ist reich an Essensmetaphern. Und wir wissen, dass Schnee wichtig ist für Inuit und die Franzosen berühmt für ihre Küche sind. Wir können die Unterschiede, die in anderen Sprachen gemacht werden, verstehen, doch solche linguistischen und kulturellen Befunde allein beweisen noch nicht, dass die Sprache das Denken beeinflusst. Das Experiment in Kasten 4.5 zeigt, wie die Kombination von klaren Gedanken und präzisen Beobachtungen hilft, eine Antwort auf diese Frage zu finden.

Abschließende Punkte

Es gibt inzwischen immer mehr Untersuchungen im Bereich der kognitiven Fähigkeiten, die beim Denken, Argumentieren und Kommunizieren eine Rolle spielen, wobei der Fokus zum Beispiel auf der Aneignung und Entwicklung dieser Fähigkeiten, den damit einhergehenden Problemen oder den Wechselbeziehungen zwischen den Fähigkeiten und den damit verbundenen Aktivitäten im Gehirn liegt. Ein Punkt sollte vielleicht hervorgehoben werden: Um gut zu funktionieren und uns so an neue Gegebenheiten anzupassen, wie wir es schon immer tun, müssen wir ein Gleichgewicht herstellen zwischen dem Wissen, wann schnelles Handeln nötig ist, und wann es besser wäre, innezuhalten und zu überlegen. Operierten wir ausschließlich auf der Grundlage von Logik, wie ein Computer, wären wir nicht in der Lage, uns flexibel auf die Komplexitäten und Ungewissheiten des täglichen Lebens einzustellen. Daher scheinen unsere Fähigkeiten denjenigen von Maschinen mit künstlicher Intelligenz in mancher Hinsicht immer noch überlegen zu sein, obwohl die Maschinen größere Speicherkapazitäten haben und Hypothesen vielleicht schneller überprüfen können als wir. Vor allem haben wir natürlich neben den Gedanken auch Gefühle, die uns zu verstehen helfen, warum wir die Dinge tun, die wir tun.

Lösung zu dem Ball-und-Schläger-Problem, S. 71: 5 Cent.
Lösung zu dem Neun-Punkte-Problem (Kasten 4.4): Dieses Problem lässt sich nur lösen, indem einige der Linien außerhalb der Grenzen des durch die Punkte definierten Quadrats gezogen werden. Man kann auch die »Grenze« in anderer Weise durchbrechen, indem nämlich die Punkte in drei Reihen zerschnitten und anschließend in einer durchgehenden Reihe angeordnet werden.

5
Warum tun wir, was wir tun?
Motivation und Emotion

Gefühle geben nicht nur unseren Erlebnissen Farbe oder prägen unsere jeweilige Grundeinstellung. Sie dienen einem ganz bestimmten Zweck. Sie sind der Auslöser für Handlungen. Oft erklären wir unsere Handlungen, indem wir uns auf das beziehen, was wir zu dem Zeitpunkt fühlten: Ich habe auf den Tisch gehauen, weil ich zornig war, habe nichts gesagt, weil ich nervös war, oder etwas zu trinken gesucht, weil ich durstig war. Motivationen (etwa die, Hunger und Durst zu stillen oder Sexualität auszuleben) bestimmen die Ziele, nach denen ich strebe. Emotionen (große Freude, Frustration, Verzweiflung) spiegeln die Gefühle wider, die ich auf dem Weg dorthin empfinde. In den vorherigen Kapiteln haben wir darüber nachgedacht, wie das Gehirn gesammelte Informationen aus der Außenwelt aufnimmt, speichert und mit diesen arbeitet, so dass wir etwa wahrnehmen, unsere Aufmerksamkeit lenken, lernen, uns erinnern oder denken können. Doch das Gehirn macht natürlich einen integralen Teil unseres Körpers aus, einen Teil, in dem wir jene Empfindungen erleben, die mit Motivation und Emotion einhergehen. Es ist überflüssig anzumerken, dass wir uns weder eines Großteils der neuronalen Aktivität, die dann stattfindet, wenn wir von unseren Gefühlen bewegt sind, noch der Arten bewusst sind, in denen diese mit den Wahrnehmungs- und Kognitionsprozessen zusammenspielen. Dennoch helfen diese *affektiven* Prozesse dabei, zu erklären, warum wir genau das tun, was wir tun. All diese Aktivitäten, die im Gehirn stattfinden, haben sich zu folgendem Zweck entwickelt: Wenn sie gut funktionieren, helfen sie uns, das zu bekommen, was wir wollen, und das zu meiden, was wir nicht wollen. Motivationen und Emotionen beeinflussen, wie wir uns verhalten, ob wir handeln oder uns dagegen entscheiden.

Motivation: Knüffe und Püffe

George Miller definierte Motivation folgendermaßen: »all jene – biologischen, sozialen und psychischen – Knüffe und Püffe, die uns unsere Faulheit überwinden helfen und uns, ob bereitwillig oder widerwillig, zum Handeln veranlassen«. Die Motive hinter unserem Handeln werden von mehreren Kräften gesteuert: Die Befriedigung von Hungergefühlen ist ein biologischer Antrieb, die Sache von Akzeptanz ein sozialer und Neugier ein psychischer. Motivation ist also etwas Komplexes. Hunger wird zum Beispiel von äußeren wie auch inneren Faktoren bestimmt – von dem Geruch frisch gebackenen Brotes genauso wie von der Leere des Magens. Wenn ich hungrig bin, suche ich etwas zu essen. Je hungriger ich bin, desto intensiver und länger suche ich nach Nahrung. Hunger bestimmt die Richtung, Intensität und Ausdauer meines Verhaltens – doch er bestimmt nicht sämtliche Aspekte meines Essverhaltens. Manchmal schaue ich mich nach etwas Essbarem um, wenn mein Herz und nicht mein Magen schmerzt. Oder ich tue dies, weil ich das immer tue, wenn ich nach Hause komme.

Das Verständnis für die Komplexität der Motivation gründet in der Erkenntnis, dass deren Funktionsweisen sich entwickelt haben, um körperlichen Schmerz möglichst klein zu halten und Lust möglichst zu vergrößern – und dabei helfen uns die Mechanismen der Bekräftigung (siehe auch Kapitel 3, S. 52). Wer sowohl isst, wenn er unglücklich ist, als auch dann, wenn er hungrig ist, tut dies, weil er sich in beiden Fällen auf diese Weise besser fühlt: Die persönliche Erfahrung der Bekräftigungsmöglichkeiten verknüpft die Reduzierung des Schmerzes, der sowohl mit dem Unglücklichsein als auch mit Hunger einhergeht, mit der Befriedigung (oder Lust), die Essen hervorruft. Deshalb spielen Signale, die vermitteln, dass Belohnungen verfügbar sein könnten, bei den Erklärungen des Verhaltens und zu Variationen des Verhaltens eine zentrale Rolle.

Die Prozesse, die die Reaktionen auf Belohnungssignale bestimmen, sind grundlegend und finden ihre biologische Basis im Gehirn. Nervenzellen im Mittelhirn, die den Neurotransmitter Dopamin ausschütten, signalisieren »Belohnung«, indem sie unmittelbar nach der Belohnung – beispielsweise befriedigende Nahrung erhalten zu haben oder zu trinken – ihre Aktivität steigern. Das Gehirn funktioniert auf eine eher komplexere Weise, indem es seine Fähigkeit nutzt, Vorhersagen über die Zukunft anhand der Summe bereits gemachter Erfahrungen zu treffen. Die Berechnungen, die es gemäß dieser *»affective prediction hypothesis«* vollzieht, sind jenen Berechnungen ähnlich, die in Kapitel 2 (S. 26) im Zusammenhang mit den Vorgängen der Wahrnehmung beschrieben wurden. Sie werden in der folgenden Untersuchung illustriert. Die Muster vergangener neuronaler Aktivität werden derartig verschlüsselt und gespeichert, dass sie die Erwartungen über die Zukunft bestimmen. Sie reagieren höchst sensibel darauf, ob diese Erwartungen erfüllt werden oder nicht.

Im Zuge eines Experiments, bei dem auf ein Signal (ein Lichtblitz) ein Spritzer Fruchtsaft in den Mund eines Affen gegeben wurde, wurde die Aktivität in Dopamin ausschüttenden Zellen aufgezeichnet. Die Zellen reagierten unmittelbar auf den (belohnenden) Spritzer Fruchtsaft. Nach einer Weile begannen dieselben Zellen, früher zu reagieren, nämlich unmittelbar, nachdem der Lichtblitz den Saftspritzer angekündigt hatte. Die Zellaktivität ging voraus und sagte die erwartete Belohnung vorher, anstatt auf diese zu reagieren. Wurde der Lichtblitz fortgesetzt, bekamen die Affen jedoch keinen Saft mehr, ließ die Aktivität dieser Dopamin ausschüttenden Zellen nach. Dieser Umstand deutet darauf hin, dass die Information, die durch Änderungen der Aktivität in diesen Zellen geliefert wird, Fehler in der Vorhersage in Bezug auf eine etwaige Belohnung anzeigt. Wenn die Belohnung wie erwartet erfolgt, ist die Vorhersage zutreffend und das Grundmuster der Zellaktivität ändert sich nicht. Wenn der Saft unerwartet kommt oder wenn er gar gänzlich ausbleibt, ist die Vorhersage falsch und die Signale der Zelle verändern sich dementsprechend. Sie reagieren stärker, wenn die Belohnung erfolgt, und schwächer, wenn sie es nicht tut, und liefern damit Informationen darüber, was zukünftig zu erwarten ist. Die Einzelheiten dieses Experiments, die die unterschiedlichen Muster der Zellaktivität illustrieren, finden sich in Abb. 10.

Solche Beobachtungen legen nahe, dass alle Erlebnisse – jedes Ereignis, jedes Objekt und jeder Ort – mit einem bestimmten Wert assoziiert werden, der sich in der Aktivität bestimmter, Dopamin ausschüttender Gehirnzellen widerspiegelt. Der Wert, den etwas für uns hat, bestimmt, ob wir es wollen oder nicht wollen, ob wir motiviert sind, es aufzuspüren, und Handlungen ausführen, um es zu bekommen. Einige Dinge, die wir anstreben, sind von Natur aus wertvoll für alle Tiere: Schlaf, Essen, Luft, Wasser und Sex. Handlungen auszuführen, um an diese Dinge heranzukommen, sind für das Überleben unerlässlich. Genetik und Er-

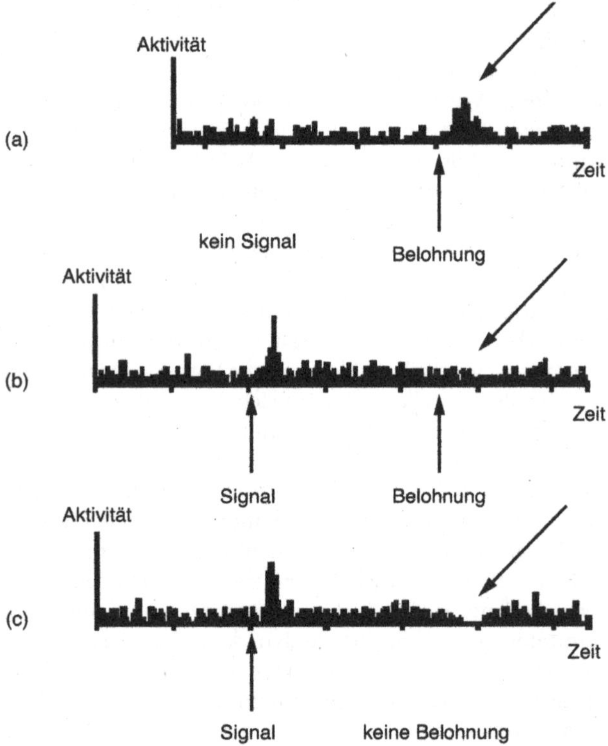

fahrung tragen bis zu einem gewissen Grad zur Motivation bei, doch diese *Primärmotive* behalten üblicherweise denselben Wert bei, den sie durch die Jahre der Entwicklung erworben haben. Indem sie die Fähigkeit nutzen, Vorhersagen zu treffen, können Menschen und auch andere Tiere Verbindungen zwischen den Dingen, die sie wertschätzen, und anderen, die mit diesen Dingen assoziiert werden, herstellen (ähnlich wie beim Lichtblitz in dem oben beschriebenen Experiment), so dass die miteinander verknüpften Erfahrungen (etwa Gerüche, Ereignisse, Objekte oder Orte) ihren eigenen Wert erhalten und zu *Sekundärmotiven* werden. Primär- und Sekundärmotive funktionieren auf dieselbe Weise, ist ihr Wert erst einmal festgelegt. Wir alle haben uns an bestimmte Belohnungen gewöhnt. Aus diesem Grunde reagieren wir zum Beispiel nicht mehr, wenn wir zu viel von einer guten Sache hatten (Sättigung), oder wir reagieren heftig, wenn sie uns entzogen wird.

Abb. 10: Die Aktivität in dopaminergen Nervenzellen repräsentiert den Fehler in unserer Belohnungsvorhersage.
(a) Es gab kein Signal: Der Affe weiß also nicht, wann die Belohnung erfolgt. Die unvorhergesehene Belohnung verursacht eine Erhöhung der Aktivität.
(b) Der Affe wusste, wann die Belohnung erfolgen würde. Die Belohnung verursacht keine Veränderung in der Aktivität. Doch der Affe weiß nicht, wann das Signal erneut gegeben werden wird. Das unvorhergesehene Belohnungssignal verursacht eine Erhöhung der Aktivität.
(c) Der Affe erwartet, dass eine Belohnung erfolgt, doch sie erfolgt nicht. Das Ausbleiben der vorhergesehenen Belohnung verursacht eine Senkung der Aktivität.

Die Annahme hierbei lautet, dass belohnungsverarbeitende Gehirnregionen artenübergreifend als gemeinsame neuronale Schnittstelle für Handlungen dienen. Das ist natürlich nur ein Teil der Antwort, und bisher gibt es noch keine ausreichende Theorie der Motivation, die alles erklären würde, was über menschliche Motivation bekannt ist. Wir müssen aber auf jeden Fall, um zu verstehen, warum wir das tun, was wir tun, beide Arten von Motiven einbeziehen, das heißt, wir müssen sowohl über den Wert nachdenken, den die Befriedigung körperlicher Bedürfnisse für uns hat (die uns helfen, zu überleben), als auch über den Wert der Befriedigung höherrangiger Bedürfnisse, in denen kognitive Faktoren eine wichtige Rolle spielen (wie etwa gemocht zu werden und erfolgreich zu sein). Zwei gegensätzliche theoretische Konzepte zeigen die verschiedenen Arten, in denen Psychologen über Motivation nachgedacht haben: das Konzept des *homöostatischen Gleichgewichts* und das Konzept der *Zielgerichtetheit.*

Die Grundidee bei der »homöostatischen Triebtheorie« besteht darin, dass es für jeden wichtig ist, die eigene innere Welt einigermaßen konstant zu halten. Jede Abweichung, mit anderen Worten: jede Störung des Gleichgewichts, löst ein Verhalten aus, das zur Wiederherstellung des Gleichgewichts führt. Dieses Verhalten wird »angetrieben« von dem Gefühl des Ungleichgewichts, der »Spannung«, und endet erst, wenn das Gleichgewicht wiederhergestellt ist. Die physiologischen Auswirkungen von Hunger lassen uns in die Küche gehen. Das, was wir dort essen, reduziert das durch den Hunger verursachte Ungleichgewicht oder Unwohlsein. Die »Triebreduktionstheorie« integrierte in dieses elementare Konzept vom homöostatischen Gleichgewicht das Moment der Bekräftigung. Sie geht davon aus, dass ein Verhalten, das erfolgreich eine Spannung reduziert – man isst, wenn man hungrig ist –, als angenehm empfunden und daher bekräftigt wird. Die Motivation, sich weiterhin so zu verhalten, nimmt ab, wenn die Spannung beseitigt ist. Daher müssten wir, wenn wir nicht mehr hungrig sind, langsamer essen oder ganz damit aufhören. In Wirklichkeit hängt unser Verhalten jedoch von einer Kombination aus Motivation (dem inneren Reiz des Hungers) und Lernen ab. Manche Dinge wie Schokolade kann man selbst dann einfach so weiter essen, wenn man gar nicht mehr hungrig ist. Die Theorie erklärt einige Aspekte von komplexen Verhaltensmustern angemessen, z. B. die Weigerung zu essen damit, dass jemand Aufmerksamkeit erregen möchte. Die Befriedigung des Bedürfnisses nach Beachtung kann helfen, wieder ein normales Essverhalten herzustellen. Bei anderen Verhaltensaspekten, etwa ein neues mexikanisches Gericht zu kosten oder den ungeliebten Spinat zu verzehren, um keinen Anstoß zu erregen, lässt sich die »Triebtheorie« jedoch nicht anwenden. Soziale, kognitive und ästhetische Faktoren bestimmen einen Großteil unserer Verhaltensweisen, und diese lassen sich nicht durch eine Triebreduktionstheorie erklären, es sei denn, man fände für jede zufällige Regung einen eigenen Trieb: einen Trieb, sich Musik von Schubert anzuhören, und einen anderen, wenn man sich Miles Davis anhören oder aber bergwandern möchte.

Das theoretische Konzept der Zielgerichtetheit dagegen versucht mit Hilfe von kognitiven Faktoren zu erklären, warum wir das tun, was wir tun. Es geht davon aus, dass der Schlüssel zur Motivation das ist, was wir bewusst zu er-

Kasten 5.1 Sein Bestes tun

Hypothese: Wer die am schwersten zu erfüllende Zielvorgabe hat, sollte die beste Leistung zeigen.

Methode: Drei Gruppen von Arbeitern wurde die Aufgabe gestellt, in kleinen Teams Holz zu sägen und zu transportieren. Die »Tut-euer-Bestes«-Teams erhielten keine Zielvorgabe, die beauftragten Teams erhielten ein vorgegebenes, schwer zu erreichendes Ziel. Andere, nur »beteiligte« Teams mussten sich ihr eigenes hartes Ziel setzen.

Ergebnis: Die »Tut-euer-Bestes«-Gruppe transportierte 1,3 Kubikmeter Holz pro Stunde, verglichen mit 1,5 Kubikmetern der Gruppe, deren Ziel vorgegeben war, und 1,6 der Gruppe, die sich ihr Ziel selbst setzen sollte.

Latham/Yukl 1975

reichen versuchen: unser Ziel. Nach dieser Theorie werden Menschen härter arbeiten und mehr Mittel einsetzen, wenn das jeweilige Ziel schwerer zu erreichen ist. Je schwerer das Ziel, desto höher die Leistung. Ein Experiment, das diese Theorie am Arbeitsplatz auf ihre Gültigkeit prüft, wird in Kasten 5.1 beschrieben.

In 90 % der relevanten Untersuchungen hat sich ergeben, dass eine genaue Zielsetzung die Leistung erhöht, und zwar besonders unter den folgenden Bedingungen, wenn nämlich die Betroffenen die gesetzten Ziele akzeptieren, sie über ihre Fortschritte auf dem Laufenden gehalten werden und für das Erreichen von Zielen belohnt werden, wenn sie auch tatsächlich die Fähigkeit haben, sie zu erreichen, und von ihren Vorgesetzten angemessen unterstützt und ermutigt werden. Diese Erkenntnisse sind erfolgreich im Arbeitsbereich umgesetzt worden. Wir wissen jedoch bis heute nicht, warum manche Menschen sich höhere Ziele setzen als andere und wie die durch eine bestimmte Zielsetzung aktivierten Motivationskräfte mit anderen (physiologischen oder sozialen Kräften usw.) interagieren. Untersuchungsergebnisse in diesem Bereich finden viele praktische Anwendungen, zum Beispiel dann, wenn wir Menschen zum Lernen und zur Arbeit motivieren wollen. Auch helfen sie uns, die Schwierigkeiten in Motivationssystemen (wie etwa die Probleme, die zu Fettleibigkeit führen, oder die Schwierigkeiten, eine Diät durchzuhalten) zu verstehen und zu bekämpfen.

Emotion

Während Motivationen unsere Ziele bestimmen, spiegeln Emotionen die Gefühle wider, die wir erfahren, wenn wir erfolgreich darin waren oder wenn wir daran scheitern, unsere Ziele zu erreichen. Auf dem Weg dorthin können alle Arten von Gefühlen erlebt werden: vorher bzw. in Erwartung des Ergebnisses, zum Zeitpunkt, wenn wir etwas erreichen, selbst oder im Anschluss. Diese Gefühle sind ein Produkt der neuronalen Handlungsschnittstelle, die eine Vielzahl von Psychologen (mindestens) seit dem 19. Jahrhundert beschäftigt: ein weites Feld gespickt mit Schwierigkeiten, teilweise auch deswegen, weil die verschiedenen

Komponenten der Emotionen nicht konsistent miteinander korrelieren. Die fünf Komponenten, die die Psychologen unterscheiden, sind physiologische (Veränderungen in Puls und Blutdruck), expressive (Lächeln, die Stirn runzeln, auf einem Stuhl in sich zusammensinken), das Verhalten betreffende (die Faust ballen, weglaufen), kognitive (eine Bedrohung wahrnehmen, sich an einen Verlust erinnern, an etwas Angenehmes denken) und das Erleben betreffende (die Gesamtheit empfundener Gefühle). Ich kann lächeln, wenn ich traurig bin, und ängstlich sein, noch bevor ich bewusst eine Bedrohung wahrgenommen habe. Dieses Fehlen einer direkten Beziehung bedeutet, dass eine Emotion nicht angemessen untersucht und verstanden werden kann, indem man nur eine ihrer Komponenten misst. Zusätzlich wird die Sache dadurch verkompliziert, dass zwei voneinander unabhängige Vorgänge dazu beitragen, das individuelle subjektive Erleben zu bestimmen: Das Maß an Erregung bestimmt die Intensität eines Gefühls, während kontextuelle und kognitive Faktoren dessen Wertigkeit (positiver oder negativer Wert) und genaue Beschaffenheit bestimmen.

Die kultur- und artenübergreifende Forschung, die von Charles Darwin begründet wurde, zeigt, dass Gesichtsausdrücke, die mit Angst, Zorn, Trauer, Überraschung, Ekel und Freude verbunden sind, sich bei Menschen unterschiedlicher ethnischer Gruppen und auch bei manchen Tieren hinreichend ähneln, um wiedererkannt zu werden (Abb. 11). Auf der Ebene des Erlebens kann jedoch eine weitaus größere Vielfalt an Emotionen als auf der physiologischen oder der expressiven Ebene identifiziert werden: Es gibt ebenso viele Arten des Lächelns oder Stirnrunzelns, wie es Menschen gibt, sie auszudrücken, oder Situationen, die sie hervorrufen. Komplexe Emotionen wie Schuld und Schamgefühl, die stark durch kognitive Faktoren – etwa dadurch, wie wir über uns selbst denken oder was wir glauben, was andere denken – und verinnerlichte gesellschaftliche Regeln bestimmt werden, sind schwer richtig zu erkennen. Außerdem empfinden wir meistens keine klaren, sondern gemischte Gefühle. Obwohl diese Gefühle gemeinsame Aspekte haben – und zwar so, dass wir beide, Sie und ich, traurig sein können, dies auch jeweils erkennen und darüber reden können –, wird sich meine Traurigkeit von der Ihrigen unterscheiden. Die Bedeutung, die das Gefühl für mich hat, und die Art, in der ich es ausdrücken kann, wird bestimmt durch die Art, in der es zu diesem Zeitpunkt in meine Welt passt. Es wird also bestimmt durch meine Erfahrungen, Erinnerungen, Gedanken, Reaktionen und die Art, in der andere zuvor auf meine Traurigkeit reagiert haben – also durch das Muster, in dem die Nervenzellen in meinem Gehirn feuern, und das die Erwartungen und Vorhersagen widerspiegelt, die sich von meiner persönlichen Erfahrung ableiten. Falls andere mir damals gesagt haben, ich solle mich zurückziehen und sie nicht weiter behelligen, dann verberge ich die Traurigkeit vielleicht oder habe Schwierigkeiten, über sie zu sprechen. Eine Untersuchung zu den Wechselbeziehungen zwischen Emotionen, körperlichen Empfindungen und Kognition hat herausgefunden, dass man sich an ein bestimmtes Ereignis besser erinnern kann, wenn eine Emotion, die durch dieses Ereignis hervorgerufen wurde, sowohl erlebt als auch ausgedrückt wurde (im Verhalten oder verbal), als wenn die Emotion zwar erlebt wurde, aber nicht zum Aus-

Abb. 11: Eine deutlich erkennbare Primäremotion eines Wasserspeiers an einem College in Oxford.

druck kam. Es scheint, als würde der Akt, einer Emotion Ausdruck zu verleihen, eine stärkere (kognitive) Gedächtnisspur liefern – oder anders gesagt: Stoisch zu bleiben beeinträchtigt die Erinnerung an emotionale Ereignisse.

Es gibt viele Möglichkeiten, die Wechselbeziehung zwischen Gedanken und Gefühlen zu begreifen. Geht man nach der James-Lange-Theorie der Emotion, die gut über 100 Jahre alt ist, sind Veränderungen in den Körperreaktionen für emotionale Erlebnisse notwendig, d. h. Traurigkeit kommt durch Weinen und Furcht durch Wegrennen auf, und nicht umgekehrt. Das mag nicht sehr überzeugend klingen, da Menschen dazu neigen, zu glauben, dass sie wegen etwas Bestimmtem traurig sind, das ihnen zugestoßen ist, oder an das sie denken oder sich erinnern. Im 21. Jahrhundert wurde es möglich, minimalste körperliche (neuronale) Veränderungen zu ermitteln und zu messen und so darzulegen, wie körperliche Erregung und die Empfindungen, die mit Motivation und Emotion verbunden sind, mit der Kognition, subjektiver Erfahrung sowie dem Verhalten interagieren. Hochauflösende bildgebende neuropsychologische Untersuchungen haben in hinreichendem Detail offengelegt, wie das Gehirn arbeitet, um die »funktionale Architektur« umzusetzen, die Kognition und Emotion verbindet. Viel der neuronalen Aktivität wird automatisch erzeugt und bleibt außerhalb des Bewusstseins. Laborstudien zeigen, dass es zwischen 200 und 350 Millisekunden dauert, um uns eintreffender sensorischer Information bewusst zu werden. Untersuchungen über Gesichtserkennung zeigen, dass wir in unter 200 Millisekunden ein Gesicht von einem Objekt, das kein Gesicht ist, unterscheiden und als freudig, traurig oder neutral einordnen können. So bildet ein Affekt einen grundlegenden Bestandteil, der in die gesamte geistige Aktivität eingefüttert wird und der an die in den vorherigen Kapiteln beschriebenen Prozesse der Wahrnehmung, der Aufmerksamkeit, des Lernens und der Kognition gekoppelt ist. Wir wissen, dass das Gehirn statistische Regelmäßigkeiten einfängt, dass es lernt, wie es zwischen dem Vertrauten und dem Neuen unterscheidet, Vorhersagen trifft und aus Fehlern lernt. Wir wissen heute, dass die Aktivität in den Gehirnregionen, die mit Emotion und Motivation verbunden sind, nach denselben allgemeinen Prinzipien organisiert ist.

Erfolgreiche Theorien sollten erklären können, woher wir wissen, dass die Situation, in der wir uns befinden, gefährlich, aufregend oder sicher ist und was dabei im Gehirn

Kasten 5.2 Weiß ich, was ich fühle?

Ziel: Es geht darum, herauszufinden, was geschieht, wenn Menschen ähnliche körperliche Symptome von Aufregung zeigen, aber unterschiedliche Gefühlserlebnisse haben.

Methode: Einigen Versuchspersonen, die vermeintlich an einem Test über Auswirkungen eines neuen Vitamins auf die Sehfertigkeiten teilnahmen, wurde Adrenalin (das körperlich aktivierend ist) gespritzt, während andere eine harmlose Salzlösung erhielten. Von denen, die Adrenalin erhielten, wurden nur einige korrekt über seine Auswirkungen informiert. Während die Versuchspersonen darauf warteten, dass das Mittel Wirkung zeigte, wurden sie mit einer Situation konfrontiert, die entweder Euphorie oder Zorn hervorrufen sollte. Diese Situation wurde von einem in den Versuchsablauf eingeweihten Mitarbeiter hergestellt.

Ergebnis: Die Emotion, von der die Versuchspersonen nach der Wartezeit berichteten, reflektierte die durch den Mitarbeiter ausgedrückte Stimmung und war ganz eindeutig beeinflusst durch soziale und kognitive Faktoren. Diejenigen, die Adrenalin erhalten hatten, aber nicht über seine Wirkungen informiert worden waren, reagierten am emotionalsten. Sie berichteten anschließend am häufigsten, relativ fröhlich oder gereizt gewesen zu sein, je nachdem, wie der Mitarbeiter sich verhalten hatte. Diejenigen, die vorher korrekt informiert worden waren, reagierten weniger stark auf das Verhalten des Mitarbeiters und schienen ihre Erfahrung zumindest teilweise der Injektion zuzuschreiben.

Schlussfolgerung: Unser Wissen über die Situation, in der wir uns befinden, beeinflusst die Emotion, die wir tatsächlich empfinden, doch unser körperlicher Zustand bestimmt, wie stark wir sie empfinden.

Schachter/Singer 1962

passiert. Einen anderen Ansatz, diese Frage zu beantworten, bietet die »*Cognitive Labelling Theory*« oder *Zwei-Faktoren-Theorie*. Entsprechend dieser Theorie wird emotionales Erleben durch eine Kombination von physiologischer Aktivierung und der Benennung (Interpretation) der während der Aktivierung empfundenen Gefühle bestimmt. Zur Überprüfung dieser Theorie wurden höchst originelle Experimente entworfen, bei denen, wie in Kasten 5.2 beschrieben, einige Komponenten einer bestimmten Emotion variiert wurden, während andere konstant blieben. Die Ergebnisse dieser Experimente zeigen, dass das, was wir erleben, stark durch kognitive Faktoren beeinflusst wird. Es wird beeinflusst durch das, was wir über eine Situation wissen, dadurch, wie wir das, was innerlich und äußerlich mit uns geschieht, interpretieren, und natürlich durch das, was wir in ähnlichen Situationen in der Vergangenheit gelernt haben und an was wir uns erinnern.

Trotz der Mängel dieser frühen Experimente hatte die Zwei-Faktoren-Theorie bedeutenden Einfluss. Die daran anschließende Forschung auf dem Gebiet der kognitiven Aspekte von Emotionen hat viel zum Verständnis von emotionalen Störungen und zur Entwicklung psychologischer Behandlungsmethoden beigetragen. Kognitive Verhaltenstherapieformen, besonders bei Depressionen und Angstzuständen, gründen auf der Vorstellung, dass Gedanken, Gefühle und Verhalten so eng verknüpft sind, dass die Änderung von einem die Änderung der anderen herbeiführen wird. Da es schwierig ist, eine unmittelbare Veränderung in den Gefühlen zu bewirken, versuchen kognitive Verhaltenstherapieformen, sie indirekt zu verändern, indem sie sich bemühen, das Denken zu verändern, nach neuen Möglichkeiten zu suchen, die Dinge zu sehen, oder neue Blickwinkel zu entwickeln und diese in der Praxis zu erproben. Das Ende einer Beziehung kann zum Beispiel so interpretiert werden, dass ich nie wieder einen Partner finden werde (ein Gedanke, der mich traurig macht und mich davon abhält, auszugehen und neue Menschen kennen zu lernen). Doch es kann auch ganz anders interpretiert werden, nämlich dass ich, obwohl ich verständlicherweise sehr betroffen bin, immer noch über die Eigenschaften verfüge, die mein ehemaliger Partner an mir anziehend fand, und dass ich also immer noch neue Freundschaften schließen kann. Mit anderen Worten, wenn wir die kognitiven Aspekte von Emotionen verstehen, fällt es uns leichter, die Feinheiten der Beziehungen zwischen Gedanken, Gefühlen und Verhaltensweisen allgemein zu verstehen. Dies wiederum beeinflusste die Entwicklung kognitiver Verhaltenstherapieformen, die nachgewiesenermaßen dann hilfreich sind, wenn es darum geht, Menschen zu helfen, die unter einem breiten Spektrum emotionaler Probleme leiden.

Einiges deutet darauf hin, dass der Teil des Gehirns, der *limbisches System* genannt wird, als emotionales Zentrum dient, und dass Schichten gewundener grauer Masse (*Kortex* und *Neokortex*) sich evolutionsgeschichtlich gesehen später entwickelten. Dadurch wurde es u. a. möglich, über Gefühle nachzudenken. Informationen wandern schnell und direkt in unser limbisches System und wieder aus diesem hinaus und erreichen erst später die kognitiven Zentren. Das macht uns anfällig für einen »Überschwang der Gefühle« wie Zornesausbrüche oder Angstanfälle, die uns auch dann überkommen, wenn wir uns vorgenommen haben, ruhig zu bleiben und unsere Empfindungen zu kontrollieren. Bei extremer Angst reagieren wir möglicherweise »primitiv«, indem wir etwa weglaufen oder indem wir, mit mehr Überlegung, anderen zuerst helfen. Eine primitive Reaktion auf Hunger wäre es, alles in Reichweite Verfügbare zu essen. Eine überlegtere Reaktion bestünde darin, »sich zurückzuhalten« oder nicht »nachzugeben«. Es sind also strategische Verhaltensweisen nötig, um dem Druck der primitiveren Systeme standzuhalten. Diese führen dann zu allen möglichen komplexen Emotionen – von Selbstzufriedenheit bis zu unerfülltem Verlangen.

Der evolutionär gesehen primitive Aspekt von Emotionen erklärt ihre enorme Macht, unsere Denkprozesse zu unterbrechen. Wenn uns etwas gefühlsmäßig nahegeht und wir klagen, dass wir nicht mehr richtig denken können, haben wir tatsächlich völlig Recht. Die Frontallappen spielen beim Gedächtnis eine wichtige Rolle, und sie können nicht richtig funktionieren, wenn das limbische System dominiert und sämtliche Aufmerksamkeit auf sich zieht. Aufgrund dieser Beobachtung begannen Psychologen sich mit der Frage zu beschäftigen, wie Kontrolle über Emotionen erworben wird. Dies hat viele praktische Anwendungen, zum Beispiel wenn es darum geht, unsere Einstellung gegenüber Kindern, die den Unterricht stören und nur langsam lernen, zu ändern. Wer unglücklich und verstört ist, lernt wegen des hohen Grades an Gefühlserregung weniger leicht. Die Lernfähigkeit lässt sich durch eine Linderung der seelischen Not genauso gut (oder sogar besser) fördern wie etwa durch vermehrten Unterricht.

Viele Jahre lang vernachlässigten experimentelle Psychologen die systematische Erforschung von Gefühlen, da sie davon ausgingen, dass sich nützliche Erklärungen menschlicher Verhaltensweisen eher an anderer Stelle finden ließen. In der Tat neigen wir dazu, anzunehmen, dass Gefühle ein ansonsten vernünftiges Verhalten stören oder durchkreuzen. Einige Psychologen schienen anzunehmen, dass Gefühle in den Tätigkeitsbereich ihrer klinischen Kollegen fallen, deren Verständnis von Gefühlen durch persönliche Eigenschaften wie Sensibilität und Einfühlungsvermögen sowie durch ihr Wissen hinsichtlich der mehr wissenschaftlichen Aspekte der Psychologie geprägt ist. Diese Sichtweise vernachlässigt jedoch die Funktionen von Motivationen und Emotionen in der Evolution.

Angst stellt uns auf Flucht, Zorn stellt uns auf Angriff ein. Natürlich können Gefühle wie zum Beispiel Zorn uns nicht nur aus Schwierigkeiten heraushelfen, sondern uns auch in Schwierigkeiten bringen. Doch ohne sie würden wir uns vielleicht unnötig Gefahren aussetzen. Außerdem sind wir dann auf sie angewiesen, wenn wir Ziele definieren und dafür sorgen wollen, dass wir diese auch verfolgen. Man hat sogar vorgebracht, dass es so etwas wie emotionale

Intelligenz gibt – eine Eigenschaft, die von Mensch zu Mensch variiert, die mehr oder weniger erfolgreich eingesetzt werden kann, um uns zu helfen, unsere Ziele zu erreichen. Definitionen der emotionalen Intelligenz sind uneinheitlich, je nachdem, ob sich mehr oder weniger auf die Selbsterfahrung und auf das Vermögen, andere wahrzunehmen, konzentriert wird. Außerdem ist nicht klar, ob es sich bei der emotionalen Intelligenz eigentlich um eine Charaktereigenschaft oder um eine Fähigkeit handelt, die man sich aneignen kann. Die Hypothese, dass eine stärkere Ausprägung der emotionalen Intelligenz zu einer besseren sozialen Anpassung und einer guten geistigen Gesundheit beiträgt, ist (noch) nicht eindeutig belegt.

Zusammenfassend kann gesagt werden, dass die Motivations- und Emotionsforschung einen Beitrag zu weit divergierenden therapeutischen Bereichen geleistet hat. Zu nennen wären hier die Psychoanalyse, humanistische und kognitive Verhaltenstherapieformen und die Entwicklung von Therapieprogrammen für jene, die Hilfe bei der Regulierung von Essen, Trinken und dem Sexualverhalten brauchen, sowie mit Suchtverhalten wie Rauchen und Glücksspiel. Diese Forschung ist dazu in der Lage, weil es bei der Erforschung von Gefühlen und der Beantwortung von Fragen darüber, warum wir das tun, was wir tun, nötig ist, das Zusammenspiel vieler Systeme einzubeziehen, und zwar körperlicher, kognitiver, affektiver, verhaltensorientierter und soziokultureller Systeme. Dieser Prozess ist so komplex, dass es noch viel zu lernen gibt. Unsere wachsende Einsicht in die Wechselbeziehungen zwischen emotionaler Erregung und der Fähigkeit zu Aufmerksamkeit, Lernen und Erinnerung hat sich bereits mehrfach in der Praxis als nützlich erwiesen: In Großbritannien ist es zum Beispiel nicht mehr zulässig, vor Gericht Lügendetektoren zu benutzen, da sie nur eine der Gefühlskomponenten messen und daher unzuverlässig sein können. Die Komplexität dieses Gebietes kann vielleicht erklären, warum die Debatte zu solch wichtigen Punkten noch nicht beendet ist, wie etwa zu der Auswirkung gewalttätiger Szenen im Fernsehen auf den Zuschauer oder zu der Frage, ob es besser ist, Zorn in sich hineinzufressen oder ihn herauszulassen.

6
Gibt es ein festes Muster? Entwicklungspsychologie

Die Entwicklung, die jeder Mensch in seinem Leben durchläuft und die am stärksten ins Auge fällt, ist die körperliche. Aus winzigen, hilflosen Säuglingen werden mehr oder weniger kompetente Erwachsene. Natürlich verändern wir uns während unseres Lebens fortlaufend, doch werden wir uns hier vordergründig auf die frühe Entwicklung, also auf jene Veränderungen konzentrieren, die zur Reife führen. Psychologische Forschungen auf diesem Gebiet zeigen typische Muster der Entwicklung auf. Ihre Ergebnisse werden dazu verwendet, die Auswirkungen frühkindlicher Erfahrungen auf spätere Verhaltensweisen vorherzusagen, beispielsweise um Eltern darüber zu beraten, was sie von ihren Kindern in den verschiedenen Altersstufen erwarten können, um feststellen zu können, wenn die Entwicklung nicht so voranschreitet, wie sie sollte, und um angemessene Möglichkeiten einzuplanen, das Entwicklungspotential zu maximieren (z. B. die Auswirkungen sozialer Benachteiligung auf die Bildung).

Die Entwicklungspsychologie beschäftigt sich nicht nur damit, zu verstehen, welche altersbedingten Veränderungen auftreten, sondern bemüht sich auch darum zu verstehen, wie diese Veränderungen stattfinden – es geht also um den Entwicklungsprozess. Bei der Betrachtung des Entwicklungsprozesses sind vor allem zwei Fragen von Bedeutung: Findet erstens die Entwicklung stufenweise statt, oder ist sie eher ein kontinuierlicher oder veränderlicher

Prozess? Und zweitens, ist die Entwicklung biologisch gesehen »angeboren« (und damit der genetisch vorprogrammierte Prozess körperlichen Reifens), oder wird sie durch die Umwelt bestimmt (und ist sie damit »anerzogen«)? Die Idee der Stufen legt nahe, dass jeder Mensch dieselben Stufen in derselben Reihenfolge überwindet und die späteren erst dann erreicht, nachdem er die früheren hinter sich gelassen hat. Es ist natürlich nötig, sich erst die Grundfertigkeiten anzueignen, bevor man sich an die komplizierteren Fertigkeiten macht. Die groben Entwicklungsstufen spiegeln sich in den Begriffen »Säugling«, »Kind« und »Erwachsener« wider. Aber gibt es auch feinere Abstufungen? Und wenn ja, wie flexibel sind sie? Beobachtungen legen nahe, dass die Entwicklung nicht so rigide ist, wie das Bild von den Entwicklungsstufen nahelegt: Die meisten Kinder krabbeln, ehe sie laufen lernen, doch manche tun es nicht.

Ausnahmen von den erwarteten Entwicklungsmustern veranlassten Entwicklungspsychologen zu der Annahme, dass es in der menschlichen Entwicklung *kritische* (oder zumindest *sensible*) *Phasen* gibt, d.h. Zeitfenster, in denen bestimmte Dinge stattfinden müssen – oder nicht stattfinden dürfen –, damit die Entwicklung normal verläuft. Wenn ein menschlicher Fötus zum Beispiel vor der siebten Woche der Schwangerschaft nicht die richtigen Hormone erhält, kann es passieren, dass ein genetisch männlicher Fötus keine männlichen Geschlechtsorgane entwickelt, bis die Pubertät einen weiteren Stoß hormoneller Aktivität auslöst. Bis zu diesem Zeitpunkt könnte bereits eine weibliche Identität entwickelt worden sein und die Anpassung an eine männliche Identität schwerfallen. Ähnlich lernen Kinder leichter eine zweite Sprache fließend und akzentfrei zu sprechen als erwachsene Personen. Fallstudien zu »wildlebenden Kindern«, die ohne den Erwerb einer natürlichen Sprache aufwuchsen, zeigen, dass Kinder, die vor dem siebten Lebensjahr nicht begonnen haben, eine Sprache zu lernen, sich damit schwertun, jemals eine Sprache zu lernen.

Die relative Bedeutung genetischer und umweltbezogener Faktoren – die *Erbe-Umwelt-Kontroverse* – ist für die Entwicklungspsychologie besonders relevant. Die Ähnlichkeiten in den Eigenschaften genetisch identischer Zwillinge, die getrennt aufwuchsen, legen starke genetische Einflüsse auf die Entwicklung nahe. Doch ist klar, dass auch die Umwelt die Entwicklung beeinflusst: Die Möglichkeit, eine gesprochene Sprache zu erlernen, mag zum Beispiel angeboren sein, die konkret erlernte Sprache wird jedoch durch die Umwelt der Person bestimmt. Die Umwelt kann mit ihren sozialen und kulturellen Normen in der Tat nicht nur beeinflussen, ob Englisch oder Chinesisch erlernt und mit welchem Akzent es gesprochen wird, sondern auch die Geschwindigkeit, in der die Sprache erlernt wird (Kinder, mit denen regelmäßig gesprochen wird, erlernen die Sprache schneller als solche, mit denen nicht gesprochen wird). Um die Dinge noch komplizierter zu machen, besteht außerdem ein Austausch zwischen den Genen und der Umwelt: Babys, die mit einem fröhlichen Wesen geboren werden, erwecken positivere Reaktionen bei ihren Pflegepersonen und beeinflussen dadurch ihre Umwelt, die dann wiederum weiteren Einfluss auf die Entwicklung ihrer Gemüter ausübt – fröhliche, lächelnde Kinder rufen mehr positive Reaktionen von Pflegepersonen hervor und werden daher fröhlicher und lächeln mehr.

Was ist angeboren?

Wie schon in Kapitel 3 erwähnt, sind Babys von Geburt an in der Lage zu lernen. Sie werden mit nützlichen Reflexen wie Saug- oder Greifreflexen geboren. Mit einem Monat können Babys Geräusche unterscheiden in der Hoffnung, etwas Süßes zu ergattern. Bei allen Lebewesen scheinen die Jungen darauf ausgerichtet zu sein, nützliche Fertigkeiten zu erlernen – vielleicht sind menschliche Babys mit bestimmten Fähigkeiten zu Handlungen »ausgestattet«, die bei Erwachsenen Fürsorglichkeit auslösen. Die außergewöhnliche Fähigkeit von Neugeborenen, Sprachklänge zu unterscheiden, erlaubt ihnen schon im Alter von drei Tagen, die Stimme ihrer Mutter und auch ihres Vaters zu erkennen und diese vor allen anderen zu bevorzugen. Es ist sogar denkbar, dass schon im Mutterleib Lernen stattfindet – Neugeborene reagieren schon direkt nach der Geburt anders auf die Sprache ihrer Mutter als auf andere Sprachen. Ein »angeborenes« Potential oder eine angeborene Fähigkeit könnte späteres Lernen jedoch in bestimmte Bahnen lenken und erleichtern. Wie das Experiment in Kasten 6.1 zeigt, sind Babys von Geburt an in der Lage, die Flut von Sinnesreizen, die auf sie einströmt, zu ordnen und zu interpretieren. Sie tun dies so, als wendeten sie schon elementare Prinzipien (wie die in Kapitel 2 beschriebenen) für die Gliederung ihrer Wahrnehmungen an.

Neuere Forschungsergebnisse deuten außerdem darauf hin, dass Babys vielleicht nicht so unschuldig sind, wie sie zu sein scheinen. Es bestand die Annahme, dass Kinder nicht begreifen, dass andere Menschen einen unterschiedlichen Standpunkt einnehmen können (»*Theory of Mind*«)

Kasten 6.1 Was wissen Babys über Zahlen?

6–8 Monate alten Babys wurde eine Abfolge von jeweils zwei Diapositiven gezeigt, von denen das eine drei und das andere zwei Gegenstände zeigte. Gleichzeitig hörte das Baby entweder zwei oder drei Trommelschläge aus einem Lautsprecher. Die Babys betrachteten meist das Dia länger, auf dem die Zahl von Trommelschlägen der Zahl der abgebildeten Gegenstände entsprach. Wenn also zwei Trommelschläge ertönten, schauten die Babys signifikant länger auf das Dia mit den zwei Gegenständen. Diese Ergebnisse lassen darauf schließen, dass Babys numerische Informationen gut genug abstrahieren können, um Ähnlichkeiten zu erkennen oder Gleiches Gleichem zuzuordnen.

Ähnliche Experimente mit Neunmonatigen legen nahe, dass Babys sich überraschter zeigen, wenn Summen keinen Sinn ergeben, wie z. B. dann, wenn etwa zwei Teile aus fünf Gegenständen hinter einer Kiste verschwinden, aber nur ein Teil noch da ist, wenn die Kiste aufgehoben wird. Man nimmt deshalb noch lange nicht an, dass die Babys über ein spezifisches Wissen in Bezug auf Zahlen verfügen würden. Es steht jedoch fest, dass sie eine angeborene Fähigkeit besitzen, die ihnen hilft, etwas über Zahlen und ihre Bedeutung zu lernen.

Starkey/Spelke/Gelman 1990;
McCrink/Wynn 2004

und dass sie deswegen nicht die Fähigkeit, zu täuschen, ausbilden, bis sie drei oder vier Jahre alt sind. Noch jüngere

Forschungen zeigen jedoch, dass Kinder mit bereits 15 Monaten ein gewisses Verständnis von falschen Überzeugungen haben können und dass sogar sechs Monate alte Babys dieses Verständnis strategisch nutzen, indem sie bloß vortäuschen zu weinen, um Aufmerksamkeit zu erhalten. Und ihre Täuschung wird mit zunehmendem Alter raffinierter – mit acht Monaten versuchen sie vielleicht, verbotene Aktivitäten zu verbergen oder einen Elternteil abzulenken, um nicht gesehen zu werden. Es gibt außerdem Hinweise darauf, dass Babys bereits mit zehn Monaten ein Verständnis für soziale Vorherrschaft und Hierarchie haben – sie sehen länger hin, wenn eine große Person einer kleineren Person gegenüber nachgibt als etwa umgekehrt. Kleinkinder versuchen eher, einem kleineren statt einem größeren Kind als sie selbst ein Spielzeug wegzunehmen.

Die Entwicklung des Gehirns

In den ersten wenigen Lebensjahren geschehen mehr entwicklungsbezogene Veränderungen als in jedem anderen Alter: Mit zwei Jahren sind Sie ungefähr bei der Hälfte ihrer Erwachsenengröße und Ihr Gehirn bei 80 % seiner Erwachsenengröße angelangt. Sie werden außerdem fähig sein, zu gehen und sich selbst Nahrung zuzuführen und Sprache dafür zu benutzen, um Ihre Grundbedürfnisse mitzuteilen. Dennoch entwickelt sich das Gehirn sowohl in seiner Struktur als auch in seinen Funktionsweisen weitaus länger weiter. Obwohl es sein Maximalgewicht im Alter zwischen 19 und 21 erreicht, entwickelt es sich noch einige Jahre. Eine der Regionen zum Beispiel, die als letzte gänzlich ausgebildet ist – etwa im Alter von 25 –, ist jene Region, die riskantes Verhalten hemmt. Studien mit bildgebenden Verfahren deuten darauf hin, dass der Motivation-Belohnung-Schaltkreis in jugendlichen Gehirnen sie anfälliger für risikobereites Verhalten wie Substanzmissbrauch oder ungeschützten Sex macht und sie eher durch Suchtverhalten und mangelhafte Impulskontrolle gefährdet sind. Wie auch die Strukturen verändern sich die Nervenbahnen im Gehirn mit dem Alter – das Gehirn eines Dreijährigen hat in etwa zweimal so viele Nervenverbindungen wie das Gehirn eines Erwachsenen. Im Laufe der Jugend beginnt ein Prozess des »Ausästens«, wobei unnötige oder ineffiziente Nervenverbindungen verloren gehen. In der Pubertät steigt außerdem die Menge des Myelins (ein fettiges, isolierendes Material, das die Axone der Nervenzellen ummantelt): Auf diese Weise wird die Fähigkeit der Nervenzellen, elektrische Signale zu leiten und effizient zu funktionieren, verbessert. Auch dieser Vorgang dauert bis zum Erwachsenenalter an und ist später auch in »höheren« Regionen des Hirns zu beobachten, wie etwa im präfrontalen Kortex.

Persönlichkeitsentwicklung und soziale Entwicklung

Zwei Monate alte Säuglinge aus verschiedensten Kulturen und sogar blinde Säuglinge lächeln ihre Pflegeperson an, um die Bindung zwischen ihnen zu stärken (dabei dürfte dies anfänglich eher reflexiv als kommunikativ sein). Die Universalität des Lächelns legt nahe, dass eine bestimmte Stufe der Reife wichtig für die Bestimmung des Zeitpunktes sein kann, wann es entwickelt wird. Später, mit drei oder vier Monaten, erkennen Säuglinge ihnen vertraute Menschen und ziehen sie fremden Menschen vor, obwohl sie bis zum Alter von acht bis zwölf Monaten auch Fremden freundlich begegnen; erst dann entwickeln sie Angst vor Fremden und fremdeln. Trennungsangst und Fremdeln nehmen ab dem Alter von zwei oder drei Jahren wieder ab, nämlich dann, wenn Kinder eher in der Lage sind, selbst für die Befriedigung ihrer Bedürfnisse zu sorgen. Diese Veränderungen sind von der Evolution her gesehen sinnvoll: Die Angst vor Fremden erhöht sich mit der sich entwickelnden größeren Mobilität und nimmt mit weiter zunehmenden Fähigkeiten wieder ab.

Es wurde die These aufgestellt, dass die Bindung des Kinds an seine *primäre Bezugsperson* (also an den Menschen, der sich am meisten um das Kind kümmert) für die spätere psychologische Entwicklung ausschlaggebend ist: also dass »die Mutterliebe im Säuglings- und Kindesalter ebenso wichtig für die geistige Gesundheit ist wie Vitamine und Proteine für die körperliche Gesundheit« (Bowlby, 1953, S. 240). Dieses Band wird oft als *Bindung* bezeichnet, d. h. also eine relativ langanhaltende emotionale Verbindung zu einer bestimmten Person (der *Bezugsperson*). Eine interessante Hypothese legt nahe, dass dann, wenn diese primäre Bindungsbeziehung nicht adäquat bzw. angemessen entwickelt wurde, ernsthafte psychische Störungen im Erwachsenenalter die Folge sein können. Sichere Bezüge können Kinder dazu befähigen, sich dabei sicher zu fühlen, neue Situationen zu erkunden, indem sie schrittweise ihre Unabhängigkeit von der Bezugsperson erhöhen und sich von dieser *ablösen*.

Der Grad der Bindung lässt sich daran messen, wie sehr

das Kind versucht, der Bezugsperson nahe zu sein und wie stark es auf sie ausgerichtet ist, d.h., ob es sich aufregt, wenn diese weggeht, oder ob es glücklich ist, wenn sie zurückkehrt. Entwicklungspsychologen haben die Stärke von Bindungen 12 bis 18 Monate alter Kinder klassifiziert. Sie tun dies anhand des Verhaltens in einer strukturierten Umgebung, der sogenannten »strange situation«, in der sich ein Kind und seine Pflegeperson (meistens die Mutter) in einem Zimmer voller Spielsachen befinden. Nach einer Weile setzt sich ein dem Kind fremder Mensch zu beiden dazu. Anschließend geht die Mutter hinaus und kehrt kurz darauf zurück. Das Verhalten des Kindes wird in allen Phasen durch ein einseitig gespiegeltes Fenster beobachtet. Um die Art des Bindungsverhaltens des Kindes zu klassifizieren, werden die Reaktionen des Kindes darauf, dass die Pflegeperson das Zimmer verlässt und wieder zurückkehrt, sowie Reaktionen auf die Anwesenheit der fremden Person in die Überlegungen einbezogen. Hauptkategorien sind dabei »sicher«, »meidend« oder »resistent/ambivalent«. Kinder mit einer sicheren Bindung sind dazu imstande, die Anwesenheit ihrer Pflegeperson als sichere Grundlage für eigene Erkundungen zu verwenden, und sie protestieren, wenn die Pflegeperson sie verlässt. Zwar lassen sie sich einigermaßen von der fremden Person trösten, doch sind sie eindeutig stärker auf ihre Pflegeperson fixiert und suchen und ziehen unmittelbar Trost daraus, wenn diese zurückkehrt. Im Unterschied dazu behandeln Kinder mit einem eher meidenden Bindungsmuster die Pflegeperson ähnlich wie eine fremde Person – dass die Pflegeperson das Zimmer verlässt, kümmert sie wenig, und sie lassen sich ebenso leicht von der fremden Person trösten wie von der Pflegeperson. Ein

Kasten 6.2 Ist »Bindung« bloße »Zweckfreundlichkeit«?

Abb. 12: Bindungsverhalten bei Affen

Affenjunge wurden kurz nach der Geburt von ihrer Mutter getrennt und zwei Ersatz-»Müttern« übergeben. Beide Ersatzmütter bestanden lediglich aus einem Drahtgeflecht und verschiedenen Holzköpfen. Die eine »Mutter« war mit Schaumstoff und Frottee umwickelt, um sie »kuschliger« zu machen. Die andere »Mutter« bestand aus blankem Draht, gab aber aus einem an ihrer »Brust« befestigten Fläschchen Milch ab. Die Affen zeigten mehr Anhänglichkeit gegenüber der »kuschligeren« Mutter, obwohl die »drahtige« Mutter ihnen die Milch gab.

Harlow 1958

resistentes/ambivalentes Bindungsmuster ist hingegen dadurch gekennzeichnet, dass das Kind Schwierigkeiten hat, die Pflegeperson als sichere Ausgangslage für eigene Erkundungen zu nutzen und Verzweiflung bei der Trennung von der Pflegeperson zeigt, jedoch ambivalente Gefühle oder Zorn bei ihrer Rückkehr. Diese Kinder wehren sich gegen die Versuche der fremden Person, sie zu trösten, und scheinen nur mit der Verfügbarkeit der Pflegeperson beschäftigt zu sein. Bindungstheorien sind eine reiche Quelle für Hypothesen für weitere Forschung, beispielsweise zu Bindungsverhalten, zu dem Verhalten der Pflegepersonen – sowohl männliche als auch weibliche – und zu möglichen Verbindungen zwischen der Bindungsvorgeschichte und Reaktionen auf Ereignisse und Erlebnisse, die ihnen im späteren Leben begegnen.

Obwohl man zunächst dachte, dass das Bindungsverhalten eine Form der »Zweckfreundlichkeit« sei – etwa dass Kinder sich vor allem an ihre Pflegeperson binden, weil diese die Hauptnahrungsquelle darstellt –, legen Experimente mit Affen nahe, dass dies nicht der Fall ist (in Kasten 6.2 ist eines dieser Experimente aufgezeigt).

Beim Menschen scheinen das Temperament des Kindes (seine »Natur«) und der Grad der Ansprechbarkeit der Bezugsperson – Verständnis und Einfühlung in die Bedürfnisse des Kindes – eine emotionale Bindung am meisten zu beeinflussen. Die erwachsenen Bezugspersonen von Babys ohne sichere Bindungen neigen dazu, eher auf der Basis ihrer eigenen Bedürfnisse als auf der Basis der Signale des Kindes zu reagieren. Sie spielen zum Beispiel mit dem Kind nur dann, wenn es ihnen passt, und nicht dann, wenn das Kind ihnen signalisiert, dass es spielen möchte. Dies mag erklären, warum die stärkste Bindung eines Kindes nicht zwangsläufig auf die Person gerichtet ist, die sich am besten um seine körperlichen Bedürfnisse kümmert. Für ein bestimmtes Bindungsverhalten kann die Qualität der Betreuung wichtiger als die Quantität der Betreuung sein.

Auswirkungen früher Erfahrungen

Eine große Herausforderung für Entwicklungspsychologen stellte und stellt die Beantwortung der Frage dar, ob frühe Erfahrungen, wie zum Beispiel Vernachlässigung oder die Bindungsvorgeschichte die spätere Entwicklung beeinflussen und ob die Effekte später abgemildert werden können. Die Experimente in Kasten 6.3 versuchen sich mit diesem Thema auseinanderzusetzen.

Obwohl es ethisch gesehen höchst verwerflich wäre, diese Experimente an menschlichen Babys zu wiederholen, ist es möglich, einzelne Fallstudien zu extremer Deprivation oder Misshandlung zu untersuchen, sowie Kinder, die eine maßgebliche Zeitspanne in sozialen Einrichtungen

Kasten 6.3 Untersuchungen zu den Auswirkungen früher Vernachlässigung (Deprivation) und Gewalt

In den 1960ern führten Harry Harlow und seine Kollegen eine Untersuchungsreihe durch, die die Auswirkungen früher Vernachlässigung und Gewalt an Affen erforschte. Sie fanden heraus, dass Affen, die von Geburt an in sozialer Isolation aufgezogen werden, in der sie andere Affen zwar sehen, aber nicht berühren können, zu höchst fehlangepasstem Verhalten neigten – diese Affen kapselten sich von der Gemeinschaft ab und waren aggressiv gegenüber ihren Artgenossen. Es fiel ihnen schwerer, einen Partner zu finden, und sie wurden in Folge oft ihrem eigenen Nachwuchs gegenüber gewalttätig. Falls die Affen jedoch bereits dann wieder in die Gruppe integriert wurden, bevor sie drei Monate alt geworden waren, oder wenn sie auch nur einen Spielgefährten erhielten, konnten sie sich normal entwickeln. Bei anderen Experimenten wurden Affen von »gewalttätigen Müttern« aufgezogen. Man benutzte Stoffaffen, die den Jungen kalte Luft entgegenbliesen. Diese Untersuchungen ergaben, dass die Affenjungen, die eine solche Form der Gewalt erfuhren, eine stärkere Bindung an ihre »Mütter« zeigten als Affen, die diese Erfahrungen nicht machen mussten.

verbracht haben. Derartige Studien zeigen, dass die Auswirkungen von Deprivation in der Kindheit nicht scharf umrissen werden können. Es gibt Hinweise darauf, dass Kinder, die in extrem dürftigen Umständen, wie etwa in

Heimen mit niedriger Personalbesetzung und hoher Fluktuation oder unter Tieren aufwachsen, große Nachteile in ihrer körperlichen, kognitiven und sozialen Entwicklung erfahren. Allerdings gibt es auch Studien zu Kindern aus rumänischen Waisenhäusern, die vor ihrem zweiten Lebensjahr von englischen Familien adoptiert wurden, die den Ausbau ihrer Fertigkeiten bis zum vierten Lebensjahr auf bemerkenswerte Art und Weise »aufholten«. Der Aufholeffekt war bei denjenigen Kindern am stärksten, die früher adoptiert wurden (bis zum Alter von sechs Monaten). Frühe Vernachlässigung schien jedenfalls auch eine Langzeitwirkung zu haben, da die Kinder dazu neigten, ein enthemmtes Bindungsverhalten auszubilden: Sie zeigten sich unterschiedslos freundlich gegenüber jedem Erwachsenen.

Fälle extremer Vernachlässigung halfen auch dabei, die Umkehrbarkeit bzw. die Reversibilität früher Deprivation zu verstehen. »Genie« verbrachte die meiste Zeit ihrer ersten 13 Lebensjahre allein, sie war gefesselt und wurde immer dann geschlagen, wenn sie auch nur einen Laut von sich gab. Als sie entdeckt wurde, konnte Genie weder kauen noch aufrecht gehen, nässte sich ständig ein und verstand sehr wenig, wenn sie angesprochen wurde. Genie durchlief eine intensive Rehabilitationsphase und kam schließlich in ein Pflegeheim. Sie machte erstaunliche Fortschritte in Bezug auf ihre körperlichen und sozialen Fertigkeiten. Doch obwohl sie lernte, rudimentär Sprache zu verstehen und sie auch zu benutzen, blieben ihre Grammatik und Aussprache weiterhin seltsam, und ihr Fortschritt nahm ab, als sie zu einem späteren Zeitpunkt in institutionelle Pflege zurückkehrte. Im Gegensatz dazu beschreibt Koluchova (1972; 1991) den Fall von siebenjährigen Zwillingsjungen, die in ähnlich extremen Umständen gefunden wurden, jedoch scheinbar eine bemerkenswerte Genesung durchmachten und fähig waren, als Erwachsene normale Leben zu führen, nachdem sie in einer besonders fürsorglichen Pflegefamilie untergebracht worden waren. Die unterschiedlichen Ausgänge mögen einer Kombination aus Risiko- und Rettungsfaktoren geschuldet sein, wie etwa eigener angeborener bzw. inhärenter Resilienz, der Verfügbarkeit einer fürsorglichen Person, ihrem Alter zum Zeitpunkt der »Rettung« und der Qualität der rehabilitativen Pflege. Viele Studien zeigen, dass die schädlichen Auswirkungen früher Erfahrungen zumindest einigermaßen abgemildert werden können, insbesondere wenn die Bedingungen sich verbessern, solange das Kind noch jung ist. Dennoch ist es schwierig, Schlussfolgerungen aus solchen Studien zu ziehen, da natürlich keine direkt vergleichbaren Kontrollgruppen zur Verfügung stehen (wir können nicht willkürlich die Hälfte aller Kinder so verteilen, dass sie vernachlässigt oder misshandelt werden!) und es außerdem üblicherweise nicht bekannt ist, ob bei denjenigen, die in deprivierenden Umfeldern enden, schon vor ihren Erlebnissen Behinderungen vorlagen.

Untersuchungen zeigen auch, dass spätere Erlebnisse sich auf die Beziehung zwischen frühen Erlebnissen und späteren Folgen auswirken: Kinder, die in fürsorglichen Umständen aufgewachsen sind, kamen besser damit zurecht, wenn sie positive Erlebnisse in der Schule und im Eheleben hatten. Solche Untersuchungen haben Veränderungen in den Empfehlungen bewirkt, wie Kinder in institutioneller Obhut eigentlich versorgt werden sollen (beispielsweise ihnen sowohl Gelegenheiten für soziale Interaktion zu bieten als auch körperliche Fürsorge zu gewährleisten), und zum verstärkten Einsatz von Pflegefamilien für Kinder, die nicht in ihrer ursprünglichen Familie versorgt werden können. Auch Befunde über mehrfache Bindungen und darüber, dass die primäre Bindung nicht die an die Mutter sein muss, haben dabei geholfen, Bedenken in Bezug auf Kinder, die nicht in stereotypen Familien aufwachsen (wie etwa mit gleichgeschlechtlichen Eltern), zu zerstreuen.

Entwicklung über die gesamte Lebensspanne hinweg

Obwohl sich dieses Kapitel auf die frühe Entwicklung konzentriert, entwickeln sich Menschen ihr ganzes Leben lang sowohl körperlich als auch psychisch. Während Veränderungen wie die in der Pubertät zumindest teilweise auf körperliche Reife zurückzuführen sind, spiegeln andere einen hohen Grad von Umwelteinflüssen wider, wie mit zunehmendem Alter und in der Pensionierung einen ruhigeren Lebensstil anzunehmen. Mehrere Entwicklungspsychologen haben Theorien entwickelt, die die Entwicklungsstadien einer Lebensspanne umreißen. Die Tabelle 6.1 skizziert eine dieser Theorien. Eriksons Theorie geht davon aus, dass es festgelegte Phasen gibt, von denen jede ein bestimmtes Dilemma oder eine *psychosoziale Krise* umfasst, die jeder Mensch im Laufe seines Lebens durchläuft. Weitere Forschungen legen jedoch nahe, dass die einzelnen Phasen nicht so festgelegt sind, wie ursprünglich angenommen (beispielsweise haben einige Jugendliche ein starkes Empfinden über ihre eigene Identität).

Entwicklungspsychologie konzentriert sich in Bezug auf das spätere Leben auf kognitive Funktionen. Untersuchun-

Tabelle 6.1 Eriksons Entwicklungsstadien (1968)

Stadium	Zentrale Fähigkeit bzw. Herausforderung in diesem Stadium
Frühes Säuglingsalter (erstes Lebensjahr):	Vertrauen/Misstrauen. Vertrauen und das Risiko, enttäuscht zu werden, gegen misstrauisch sein und sich nicht mit anderen identifizieren. Dieses Gleichgewicht ist sowohl von der Wesensart des Kindes als auch von der Qualität der Fürsorge beeinflusst.
Späteres Säuglingsalter (Jahre 1–3):	Autonomie/Scham. Entwicklung eines Gefühls von Autonomie und persönlicher Verantwortung gegen ein aufkommendes Gefühl von Scham aufgrund von Selbstzweifel an den eigenen Fähigkeiten.
Frühe Kindheit (Jahre 3–6):	Initiative/Schuldgefühle. Verstärktes persönliches Verantwortungsbewusstsein für und Initiative zu eigenen Entscheidungen gegen Schuldgefühle für diese Entscheidungen.
Mittlere Kindheit (Jahre 6–11):	Tätigkeit/Minderwertigkeitsgefühle. Zu lernen, Einsatz zu zeigen, um Herausforderungen zu bewältigen und Kompetenz zu entwickeln, in Bezug auf andere sowie auf wahrgenommene Normen (im Klassenzimmer oder der Familie) gegen die Herausforderung zu fürchten und sich unzureichend oder als Versager zu fühlen.
Jugend/Adoleszenz (Jahre 12–18):	Identität/Identitätsverwirrung. Erlangung eines widerspruchsfreien Identitätsgefühls durch die Erforschung verschiedener Rollen gegen Verwirrung wegen der überwältigenden Möglichkeiten und Scheitern, ein ganzheitliches Selbstbild aufzubauen.

Frühes Erwachsenenalter (Jahre 18–35):	Intimität/Isolation. Erforschung romantischer und anderer Bindungen, um Liebe und Verbindlichkeit zu erleben, gegen Angst vor Beziehungen und Risiko, Isolation und Einsamkeit zu erleben.
Reifes Erwachsenenalter (35–64):	Schöpferische Tätigkeiten/Stagnation. Produktivität zu entwickeln, um zu Familie und Gesellschaft beizutragen, gegen Stagnation und Gefühl der Nutzlosigkeit.
Spätes Erwachsenenalter (ab 65 Jahren):	Integrität/Verzweiflung. Fähig zu sein, auf das eigene Leben mit einem Gefühl der Integrität und der Errungenschaft gegen mit einem Gefühl der Verzweiflung zurückzublicken.

gen, die Ergebnisse in Intelligenztests von alten und jungen Menschen verglichen, zeigten zunächst, dass junge Menschen einen höheren IQ haben, was andeutet, dass Intelligenz mit dem Alter abnimmt. Diese Studien ignorierten jedoch den *Kohorteneffekt*. Gemeint sind damit bestimmte soziale Faktoren bei der Bewertung von Leistung bei IQ-Tests und die Tatsache, dass die Intelligenzwerte der Gesamtbevölkerung mit besserer Schulerziehung und Ernährung gestiegen sind. Als die Intelligenz bei denselben Versuchspersonen wiederholt gemessen wurde, deutete nichts darauf hin, dass sie mit dem Alter abnahm; im Gegenteil, sie nahm bei denen, die weiterhin ihren Kopf benutzten, leicht zu. Genauso wenig stichhaltig ist die These von der angeblichen altersbedingten Verschlechterung des Gedächtnisses. Wissenschaftliche Untersuchungen zeigen vielmehr, dass das Gehirn auch weiterhin auf die jeweiligen Anforderungen reagiert. Vergleiche von Gedächtnisleistungen in

Alltagssituationen zeigen, dass alte Menschen etwas besser als junge abschneiden. Sie tun dies möglicherweise deshalb, weil sie mehr um ihr Gedächtnis besorgt und in Tests aufmerksamer und motivierter sind. Die Überzeugung, dass das Gedächtnis mit zunehmendem Alter nachlässt, wurde 2012 als Mythos bezeichnet, da es teilweise auf eine *self-fulfilling prophecy* zurückzuführen zu sein scheint: Weil die Menschen erwarten, vergesslicher zu werden, strengen sie sich weniger an und bemerken eher, wenn sie etwas vergessen, als wenn sie sich an etwas erinnern, während junge Menschen sich insgesamt weniger bekümmert von den Anzeichen ihrer Vergesslichkeit zeigen. Solange die Menschen weiterhin körperlich, geistig und sozial aktiv bleiben, brauchen sie anscheinend bis ins hohe Alter kein erkennbares Nachlassen ihrer geistigen Fähigkeiten zu befürchten (eine Ausnahme bilden dabei Formen der altersbedingten Geistesschwäche wie Demenz). In der Tat könnte das Wissen, das sie angesammelt haben, sogar hilfreich dabei sein, in einigen Gesichtspunkten bessere Leistungen zu erbringen als junge Menschen, wenngleich sie eher Mühe haben, sich Namen und Verabredungen zu merken.

Viele biologische, soziale und umweltbedingte Faktoren beeinflussen die Entwicklungsprozesse. Obwohl es bei der Entwicklung ein grobes Muster gibt und sich selbst regulierende Kräfte für ständige Anpassung sorgen, gibt es auch viele Irrwege in der Entwicklung. Der Prozess ist natürlich sehr komplex, so dass Unterschiede zwischen Altersgruppen das Ergebnis von Veränderungen über Generationen darstellen und gar nicht auf das Altern selbst zurückzuführen sein könnten. Im Erwachsenenalter sind die Unterschiede innerhalb derselben Altersgruppen für gewöhnlich weitaus größer als die Unterschiede zwischen den Altersgruppen. Dennoch kann die Entwicklungspsychologie Vorhersagen darüber treffen, welche Faktoren die Entwicklung in so unterschiedlichen Bereichen wie dem der moralischen Entwicklung, des Spracherwerbs und der Entwicklung von Denken und Geschlechtsidentität negativ beeinflussen werden – und welche es nicht tun. Die Aufgabengebiete der Entwicklungspsychologen bestehen darin, Möglichkeiten zur Abmilderung der Auswirkungen negativer Früherfahrungen und Lösungen für den Fall zu finden, dass die Entwicklung nicht normal verläuft, und zu erforschen, wie die jeweilige Anpassung über die Gesamtspanne des Lebens hinweg verbessert werden kann.

7
Können wir Menschen in Kategorien einordnen? Individuelle Unterschiede

Während sich das vorhergehende Kapitel mit typischen Entwicklungsprozessen und -mustern befasste und dabei die Ähnlichkeiten zwischen Menschen betonte, geht es in diesem Kapitel um die Unterschiede zwischen Menschen. Die meisten von uns verstehen sich gern als einzigartig. Ist es aber möglich, die Unterschiede zwischen uns zu kategorisieren und das Wesen dieser Unterschiede zu bestimmen? In der Praxis haben Psychologen Methoden entwickelt, Menschen in Bezug auf bestimmte Variablen zu messen, um mehr über die Ähnlichkeiten und Unterschiede zwischen ihnen herauszufinden. Diese psychologischen Beurteilungen finden oft mit Papier und Stift, zum Beispiel als Eignungs- oder Leistungstests, statt, um Fähigkeiten oder Fertigkeiten zu messen oder die Eignung für bestimmte erzieherische oder berufliche Stellen zu beurteilen.

Psychologische Messungen

Psychologische Tests oder *psychometrische Instrumente* müssen sowohl *verlässlich* als auch *gültig* sein – d. h., sie müssen bei der Messung der Variable, die sie messen sollen, bei gleichen Umständen möglichst gleiche Werte liefern, also beständig sein. Ein Test der Lesefertigkeit würde zum Beispiel nicht als guter Test gelten, wenn dieselbe Person bei zwei Tests innerhalb weniger Tage völlig unterschiedliche Ergebnisse erzielen würde: Der Test hätte dann eine niedrige Reliabilität bzw. Zuverlässigkeit. Ähnliches würde gelten, wenn jemand, der leseschwach ist, sehr gut bei einem Lesetest abschneiden würde – dann hätte dieser Test eine niedrige Validität bzw. Gültigkeit. Um nützlich zu sein, müssen psychologische Tests *standardisiert* sein, d. h., es muss eine Reihe von festen »Normen« geben, mit denen die jeweiligen Ergebnisse verglichen werden können. Um einen Test zu standardisieren, muss man ihn mit einer großen Gruppe spezifisch ausgesuchter Menschen, für die er beabsichtigt ist, durchführen. Man muss weiterhin Statistiken zur Berechnung der Normen heranziehen – um so herausstellen zu können, was ein Durchschnittsergebnis ist und bei wie viel Prozent der Bevölkerung das Ergebnis über oder unter dem Durchschnitt liegt. Mit Hilfe dieser Normen kann dann ein einzelnes Testergebnis angemessen interpretiert werden. IQ-Tests (Tests über den Intelligenzquotienten) sind zum Beispiel so bewertet, dass das Durchschnittsergebnis der Bevölkerung 100 beträgt und 95 % der Bevölkerung zwischen 70 und 130 Punkten erreichen, so dass jemand, der 132 erreicht, als weit überdurchschnittlich intelligent (nämlich in den oberen 2,5 %) gelten kann. Psychologen wissen auch, dass die Art, wie ein Test durchgeführt wird, sowie die Testbedingungen das Ergebnis beeinflussen können. Wenn die Beleuchtung schlecht ist oder die Testperson die Anweisungen nicht hören oder nicht verstehen kann, dann kann das Ergebnis nach unten verzerrt sein. Die Bedingungen, unter denen der Test abläuft, müssen also ebenso standardisiert sein: So weit wie irgend möglich, muss der Test mit jeder Person in exakt derselben

Weise und unter ähnlichen Bedingungen durchgeführt werden, wenn das Ergebnis Gültigkeit haben soll.

Psychometrische Tests werden dafür verwendet, ein breites Spektrum von Fähigkeiten und Eigenschaften einzuschätzen. Dieses Kapitel konzentriert sich auf die zwei bisher am intensivsten untersuchten und gemessenen Facetten individueller Unterschiede: Es geht um Intelligenz und Persönlichkeit. Wie auch auf anderen Gebieten der Psychologie ist noch umstritten, ob individuelle Unterschiede in Intelligenz und Persönlichkeit die Resultate von Vererbungs- oder Umweltfaktoren sind: Sind sie angeboren oder anerzogen?

Intelligenz

Obwohl Intelligenz einer der wichtigsten Begriffe in der Psychologie ist, lässt sie sich am schwersten definieren. Man könnte sie einfach als Anpassungsfähigkeit an die jeweiligen Lebensumstände sehen. Aber diese Fähigkeit kann viele Aspekte umfassen – etwa die Fähigkeit, logisch, vernünftig und abstrakt zu denken, sowie die Fähigkeit, kreativ zu sein und zu lernen und das Gelernte auf neue Situationen anzuwenden. Psychologen haben sich um die Beantwortung der Frage bemüht, ob Intelligenz die allen Bewusstseinsprozessen gemeinsame Grundlage ist (der Allgemeinfaktor) oder ob sie mehrere verschiedene, mehr oder weniger eng miteinander verwandte Faktoren widerspiegelt. Es bestehen zwischen den verschiedenen Formen von Intelligenz Wechselbeziehungen, doch die Fähigkeiten von *idiots savants* (»wissende Idioten«, also Menschen mit einem niedrigen IQ, aber einer außerordentlichen Fähigkeit, wie zum Beispiel der, jedem Datum der letzten zehn Jahre den richtigen Wochentag zuordnen zu können) deuten darauf hin, dass Menschen in verschiedenen Bereichen über völlig unterschiedliche Fähigkeiten verfügen können. Eine weitere Frage von großem praktischem Interesse ist die, ob Intelligenz vorherbestimmt (also: angeboren) ist oder ob sie erlernt oder gesteigert werden kann.

Intelligenztests

Am einfachsten lässt sich Intelligenz als das definieren, »was IQ-Tests messen«. Dies ist jedoch eine zirkuläre Definition, die Fragen zu der Beziehung zwischen IQ-Tests und den Definitionen von Intelligenz provoziert. Die Art, wie Intelligenz definiert wird, beeinflusst die Tests, die konstruiert wurden, um sie zu messen. So geht eine Zwei-Faktoren-Theorie zum Beispiel davon aus, dass Intelligenz sich aus »einem und nur einem allen gemeinsamen« Faktor (»g-Faktor«) und mehreren spezifischen Faktoren zusammensetzt. Andere Modelle gehen jedoch davon aus, dass es eine Reihe unabhängiger spezifischer Faktoren wie numerisches Denken, Gedächtnis, Musikalität, Wortgewandtheit, optisch-räumliche Fähigkeiten, Schnelligkeit und Genauigkeit der Wahrnehmung, Selbsteinsicht und Verstehen anderer gibt, aber keinen allgemeinen Faktor. Ein anderer Ansatz untersucht die bei der Intelligenz wirksamen Prozesse wie zum Beispiel die Geschwindigkeit der Verarbeitung, die Art, wie Informationen innerlich dargestellt werden, oder bestimmte Problemlösungsstrategien.

Der Mangel an Übereinstimmung darüber, wie die Definition von Intelligenz lauten sollte, macht es schwierig, Methoden für eine Messung zu entwickeln: Jeder Intelligenztest gründet auf einer bestimmten Definition oder Konzeptualisierung von Intelligenz und spiegelt daher möglicherweise nur die Vorurteile dieser einen Konzeptualisierung wider. Zeitbegrenzte Tests betonen zum Beispiel mehr die Geschwindigkeit der Verarbeitung, während andere Tests vielleicht darauf angelegt sind, unabhängige »spezifische Faktoren« oder eine allgemeine Fähigkeit zu messen. In Kasten 7.1 finden sich einige Beispiele für in Intelligenztests gestellte Aufgaben.

Intelligenztests führen gewöhnlich zu Messwerten, die als *Intelligenzquotient* oder IQ ausgedrückt werden. Da die intellektuelle Leistungsfähigkeit während der ersten Lebensjahre zunimmt, müssen die »nackten« Ergebnisse dem Alter der Testperson angepasst werden. Dies geschieht unter Bezugnahme auf die für diese bestimmte Altersgruppe gesetzten Normen. Bei Kindern werden die Messwerte zuweilen als *Intelligenzalter* bezeichnet. Von einem besonders aufgeweckten siebenjährigen Kind, dessen Leistung der eines zehnjährigen entspricht, kann man also sagen, dass sein Lebensalter sieben, sein Intelligenzalter jedoch zehn Jahre beträgt.

Intelligenztests werden auch heftig kritisiert. Ein fundamentales Problem besteht darin, dass sie nicht die Intelligenz an sich messen, sondern versuchen, die Eigenschaften zu messen, von denen man glaubt, dass sie Intelligenz widerspiegeln. Ihr Wert wird vor allem aus der schulischen Leistung abgeleitet, die aber weniger ein Ergebnis von Intelligenz als eines zusammengesetzt aus anderen Faktoren

Kasten 7.1 Wonach Intelligenztests fragen

Die meisten Intelligenztests weisen mehrere Unterskalen auf, die aus verschiedenen Arten von Fragen bestehen. Bei einigen wird lediglich nach Information gefragt, zum Beispiel »Wie viele Monate hat ein Jahr?« Andere Unterskalen beurteilen vielleicht das Gedächtnis, indem sie die Versuchsperson bitten, immer längere Zahlenreihen vorwärts oder rückwärts zu wiederholen, oder indem sie Rechenkünste testen, indem sie Fragen stellen wie: »Je ein Los für eine Tombola kostet 76 Cent: Wenn ich sechs kaufe und mit einem Zehn-Euro-Schein bezahle, wie viel Rückgeld würde ich dann erhalten?« Der Wortschatz oder das Verständnis lassen sich beurteilen, indem nach der Definition geläufiger Wörter oder Ähnlichkeiten zwischen Wortpaaren wie »Orange – Banane« oder »Belohnung – Strafe« gefragt wird (um die Höchstpunktzahl zu erreichen, müssten Sie erkennen, dass beide ein Mittel zur Beeinflussung des Verhaltens anderer sind). Bei anderen Unterskalen sollen Bilder in die bestmögliche Reihenfolge gebracht werden, damit sie eine Geschichte erzählen. Sie können auch eine praktische Aufgabe wie das Arrangieren von Klötzen, um eine bestimmte Figur zu kopieren, oder Puzzles vorgelegt bekommen.

wie dem der Gesellschaftsschicht, dem der Möglichkeiten und der Motivation sein kann. Außerdem wurde gezeigt, dass IQ-Testwerte dem Einfluss von zeitbedingten, situativen Faktoren unterliegen und sich außerdem durch Üben erhöhen lassen. Dieser Umstand lässt es fraglich erscheinen, inwiefern sie wirklich die Intelligenz messen.

Ein besonders kontrovers betrachtetes Ergebnis ist, dass bei Standardtests in den USA schwarze Amerikaner bedeutend schlechter als weiße Amerikaner abschnitten: Ursprünglich betrug der Unterschied 15 Punkte, reduzierte sich jedoch bis Ende der 1980er Jahre um die Hälfte. Tatsächlich schneiden die meisten ethnischen Gruppen bei IQ-Tests schlechter als weiße bürgerliche Gruppen ab. Dieses Resultat wird manchmal als »Beweis« dafür gesehen, dass einige Ethnien anderen intellektuell überlegen sind. Doch andere Beobachtungen wie die von deutschen Kindern schwarzer und weißer amerikanischer Soldaten, die ähnliche IQs aufweisen, deuten darauf hin, dass der Unterschied zwischen den IQ-Werten höchst unwahrscheinlich auf eine genetisch bedingte Unterlegenheit zurückzuführen ist. Ähnliche Unterschiede bei IQ-Werten lassen sich ebenso in Beziehung zum Einkommen der Eltern feststellen. Viel wahrscheinlicher ist, dass derartige Unterschiede zwischen ethnischen Gruppen und sozialen Klassen ein Defizit bei Standard-IQ-Tests widerspiegeln – sie bevorzugen nämlich die dominante (zumeist weiße bürgerliche) Kultur. Tatsächlich ist das gesamte Konzept eines Tests kulturgebunden, und jeder Test neigt dazu, Kulturen mit schulbasierten Bildungssystemen, in denen Tests gängig sind, zu bevorzugen. Es hat Versuche gegeben, Culture-Fair-Tests zu erstellen, die nicht nach soziokulturell bedingtem Wissen fragen und die oft auch keine Sprache benutzen (siehe Kasten 7.2). Es hat sich jedoch als fast unmöglich erwiesen, gegenüber mehr als einer Kultur zur gleichen Zeit fair zu sein, da die Konzepte, die getestet werden, in

Abb. 13: »Du kannst keine Hütte bauen, du weißt nicht, wo man essbare Wurzeln findet, und hast überhaupt keine Ahnung, wie man das Wetter vorhersagt. Mit anderen Worten: Bei unserem IQ-Test schneidest du fürchterlich ab.«

den seltensten Fällen frei von kulturellen Prägungen sind, selbst in nonverbalen Tests. Einige Kulturen würden zum Beispiel eine Orange mit einem Messer und einen Fisch mit einem Haken gruppieren, während andere diese beiden in die Gruppen »Werkzeuge« und »Lebensmittel« einteilen würden.

Es besteht Unstimmigkeit über die Beantwortung der Frage, was Intelligenz ist und ob sie angeboren sei. Ein Vor-

Kasten 7.2 »Kulturell faire« Intelligenztestfragen

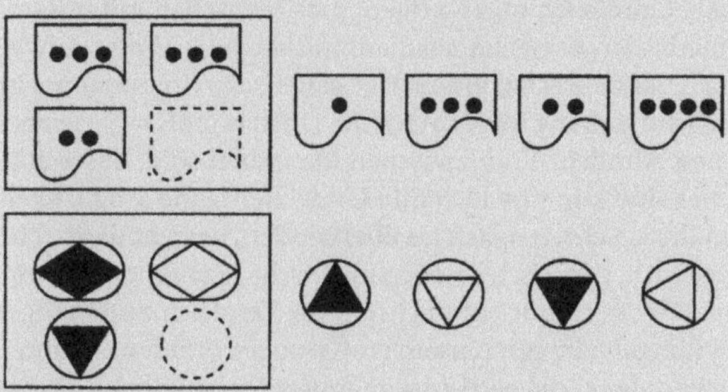

Abb. 14: Die Versuchsperson wird gebeten, von den Elementen auf der rechten Seite dasjenige auszuwählen, das am besten zu der Anordnung links passt.

schlag, der diese Unstimmigkeit aufzulösen sucht, besteht in der Ansicht, dass es zwei grundlegende Formen von Intelligenz gibt: eine, die ein genetisches Potential oder eine von Geburt an gegebene Anlage wiedergibt, und eine andere, die durch das Interagieren von Erfahrung mit diesem Potential erlernt oder erworben wird. 1963 stellte Cattell die Theorie auf, dass eine sogenannte »fluide« Intelligenz die angeborene Fähigkeit sei, abstrakte Probleme zu lösen, während »kristalline« Intelligenz bei praktischen Problemlösungen und aus der Erfahrung durch erwachsenes Wissen zum Zuge kommt.

Wird Intelligenz durch die Umwelt beeinflusst?

Viele Untersuchungen zeigen, dass Menschen mit engsten genetischen Beziehungen die ähnlichsten IQ-Werte aufweisen. Dies deutet auf eine starke genetische Komponente im Zusammenhang mit dem IQ hin. Doch je größer die genetischen Ähnlichkeiten zwischen Menschen sind, desto ähnlicher sind zumeist auch ihre Umwelten. Eine Möglichkeit, um diese Schwierigkeit zu überwinden, besteht darin, eineiige (d. h. genetisch gesehen identische) Zwillinge, die voneinander getrennt aufwuchsen, im Vergleich zu eineiigen Zwillingen, die gemeinsam großgezogen wurden, zu untersuchen. Jene, die gemeinsam großgezogen wurden, haben näher beieinanderliegende IQ-Werte: Die Umwelt scheint eine Rolle zu spielen. Dies wird durch Untersuchungen von Adoptivkindern untermauert, deren IQ dem der Adoptiveltern näher als dem der biologischen Eltern kommt. Es lässt sich zweifellos auch ein starker genetischer Einfluss beobachten, da der IQ von identischen Zwillingen, die voneinander getrennt aufwuchsen, trotzdem näher beieinander liegt als der IQ nicht-identischer, gleichgeschlechtlicher Zwillinge, die gemeinsam aufwuchsen. Es ist jedoch – wenig überraschend – nicht einfach, die zwei Formen des Einflusses voneinander zu trennen. Voneinander getrennte Zwillinge teilten zum Beispiel dieselbe Umwelt *in utero*, und die Umwelt eines Adoptivkindes könnte möglicherweise absichtlich an die Umwelt der biologischen Mutter angepasst worden sein. Der IQ der Mutter kann auf zwei Arten zu dem IQ des Kindes beitragen, nämlich direkt, also durch Genetik, und indirekt, da ihr Verhalten eine Hauptdeterminante für die spezielle Form der Umwelt des Kindes darstellt.

Weitaus sinnvoller ist die Frage, ob Intelligenz sich durch Veränderungen der Umwelt verbessern lässt. Selbst kleinste Eingriffe wie das Verabreichen von hochwertigen Nahrungsergänzungspräparaten an Kinder in Entwicklungsländern kann die IQ-Werte erhöhen. Diese Erhöhung gelang möglicherweise durch eine Verbesserung der allgemeinen Gesundheit, was sich wiederum auf Faktoren wie Energie, Konzentration und Aufmerksamkeit auswirkt. Auch der Umfang an Aufmerksamkeit, den ein Kind von seinen Eltern erhält, beeinflusst nachweislich den IQ. Diese Tatsache mag erklären, warum erstgeborene Kinder einen leicht höheren IQ als ihre Geschwister haben, denn das erste Kind erhält gewöhnlich mehr Beachtung durch die Eltern. Es wurde in vielen Studien untersucht, ob diverse »Gehirntraining«-Programme den IQ erhöhen können. Doch obwohl sie tatsächlich die Leistung bei bestimmten Aufgaben verbessern, gibt es wenig Hinweise darauf, dass dieser Effekt sich auf andere Aufgaben verallgemeinern lässt oder ob der Effekt anhält, sobald das Training unterbrochen wird. Daher scheint es sich eher um einen »Übungseffekt« zu handeln als um eine tatsächliche Erhöhung der Intelligenz.

Praxisorientiertere Studien haben versucht, mit Hilfe von Bildungsprogrammen benachteiligten Kindern zu helfen (ein Beispiel dafür wird in Kasten 7.3 geboten).

Welche Schlüsse lassen sich aus diesen Studien zu Intelligenz und IQ ziehen? Wahrscheinlich ist die Intelligenz, die als solche noch immer schwierig zu definieren und zu messen ist, als Phänomen zu komplex, um in einem einzigen Maß wie dem IQ wiedergegeben zu werden. Auf der

Kasten 7.3 Das Starthilfe-Projekt (HSP, Head Start-Projekt)

Das Head Start-Programm begann 1965 in den USA als achtwöchige Sommerschule mit dem Ziel, die soziale und kognitive Entwicklung von Kindern durch Maßnahmen in Bezug auf Bildung, Gesundheit, Ernährung und andere soziale Fürsorgeleistungen zu fördern. Tagesstätten wurden eingerichtet, die während des gesamten Schuljahres geöffnet waren, um insbesondere stark benachteiligte Kinder zu versorgen. Über 30 Millionen Kinder nahmen an diesen Programmen teil. Mehrere Versuche wurden unternommen, deren Auswirkungen auszuwerten. Die Ergebnisse sind uneinheitlich, durchgehend wird jedoch festgehalten, dass die Programme verständlich und von signifikanter Dauer sein müssen. Einige Wochen Sommerschule sind nicht ausreichend, um die Auswirkungen jahrelanger Armut abzuschwächen. Einige Studien zeigen, dass Kinder, die an Head Start teilnehmen, höhere IQ-Werte als vergleichbare Kinder erzielen, doch diese Differenz neigt dazu, »abzuklingen«, je mehr Zeit nach dem Ende des Programms vergangen ist – insbesondere bei denjenigen, die weiterhin Schulen mit niedrigeren Standards besuchen. Kinder, die das Programm früher beginnen (im Alter von drei Jahren), entwickeln für längere Zeit mehr Vorteile als diejenigen, die später beginnen (etwa im Alter von vier Jahren). Es gibt auch Hinweise darauf, dass Head Start mehr Vorteile als nur eine Erhöhung des IQs bringt, etwa eine höhere Wahrscheinlichkeit, die Schule abzuschließen, eine Hochschule zu besuchen, mit Mitte zwanzig ein höheres Einkommen zu haben und als Erwachsene seltener in kriminelle Aktivitäten verwickelt zu sein oder unter schlechter Gesundheit zu leiden.

praktischen Ebene haben Studien der Intelligenz gezeigt, dass sowohl genetische als auch umweltbezogene Einflüsse wichtig sind, aber es möglich ist, die Umweltsituation in einer Weise zu manipulieren, dass der IQ-Wert und die Leistung dadurch dauerhaft verbessert werden.

Persönlichkeit

Persönlichkeit ist als Konzept möglicherweise noch zentraler für die Psychologie als Intelligenz, und sie ist noch schwerer zu definieren. Grob gesprochen verweist der Begriff auf eine charakteristische Struktur von Verhaltensweisen, Einstellungen, Interessen, Motiven und Gefühlen gegenüber der Welt. Er schließt die Art der zwischenmenschlichen Beziehungen ein. Die Persönlichkeit gilt als relativ unveränderlich für die Dauer des gesamten Lebens. Ein Grund dafür, herauszufinden und zu messen, in welcher Art sich die Persönlichkeiten unterscheiden, ist der Wunsch, zukünftiges Verhalten vorherzusagen, um es vorwegnehmen oder abändern zu können. Der Versuch, eine bestimmte Persönlichkeit zu messen, ist jedoch mit ähnlichen Schwierigkeiten verbunden wie bei der Intelligenz: Es besteht keine klare Übereinstimmung in Bezug darauf, was genau Persönlichkeit ist. Und sie lässt sich nicht direkt messen – sie lässt sich nur aus dem Verhalten erschließen, von dem man glaubt, dass es sie reflektiert.

Es sind mehrere Persönlichkeitstheorien aufgestellt worden, deren Hauptansätze in Tabelle 7.1 zusammengefasst sind.

Tabelle 7.1

Ansatz	Bild der Persönlichkeit
nach Kategorien	Die Menschen werden in grobe Kategorien eingeordnet, wobei jeder Typ qualitativ von anderen unterschieden wird, etwa Typ A oder B, introvertiert oder extravertiert.
eigenschaftsbezogen	Ein beschreibender Ansatz, bei dem die Persönlichkeit eines Menschen danach beschrieben wird, wie viele Eigenschaften einer Liste sie aufweist, zum Beispiel: hohes Pflichtbewusstsein, niedrige Introversion.
auf das Verhalten bezogen	Betrachtet die Persönlichkeit lediglich als Spiegelbild der Lernprozesse, die in der Vergangenheit gemacht wurden – Reaktionen, die schon immer verstärkt wurden, werden wiederholt.
kognitiv	Überzeugungen, Gedanken und Bewusstseinsprozesse werden als wichtigstes Element bei der Bestimmung des Verhaltens in unterschiedlichen Situationen verstanden.
psycho- dynamisch	Basiert auf Freuds Theorie, die jeweilige Persönlichkeit wird als durch intrapsychische Strukturen (Es, Ich und Über-Ich) und unbewusste Motive oder Konflikte aus der frühen Kindheit bestimmt verstanden.

individuell	Betont höhere menschliche Motive und sieht die Persönlichkeit als die Gesamterfahrung eines Individuums und nicht als getrennte Teilaspekte.
situationsbezogen	Persönlichkeit wird nicht als konstant verstanden, sondern lediglich als Reaktion auf einzelne Situationen. Wir lernen, uns einer Situation angemessen zu verhalten, indem unser Verhalten bestärkt wird (Belohnung usw.).
interaktiv	Kombiniert die situations- und eigenschaftsbezogenen Ansätze und geht davon aus, dass die Menschen zu bestimmten Verhaltensweisen neigen, dass diese Verhaltensmuster jedoch durch die Anforderungen verschiedener Situationen eingeschränkt werden.

Jeder der verschiedenen Ansätze in Tabelle 7.1 spiegelt eine umfassende Theorie wider. Es ist aus Platzgründen leider nicht möglich, hier detaillierter auf sie einzugehen. Stattdessen werden wir auf einige Hauptpunkte hinweisen, in denen sie sich unterscheiden. Eysencks Persönlichkeitstheorie von 1965, die Elemente des typen- und des eigenschaftsbezogenen Ansatzes verwendet, wird dabei als Beispiel angeführt.

Die verschiedenen Persönlichkeitstheorien unterscheiden sich darin, inwieweit sie das Verhalten als von dem Individuum oder von der jeweiligen Situation her geprägt sehen. Im Allgemeinen tendieren wir dazu, die Bedeutung der Persönlichkeit zu überschätzen, etwa dann, wenn es darum geht, das Verhalten eines anderen zu erklären (hier liegt ein sogenannter *fundamentaler Attributionsfehler* vor).

Die situations- und verhaltensbezogenen Ansätze gehen jedoch möglicherweise zu weit, wenn sie sagen, dass jegliche Abweichungen im Verhalten ausschließlich durch situationsbezogene Faktoren bestimmt oder durch Verstärkungsmuster konditioniert werden. Angenommen, dass die Situations- oder die Verstärkungsmöglichkeiten alles abdecken würden, dann würden wir uns in der gleichen Situation alle identisch verhalten – was ja offenkundig nicht der Fall ist. Tatsächlich wird die Situation möglicherweise durch innere Ereignisse beeinflusst: Unterschiedliche Menschen können dieselbe Situation unterschiedlich »sehen«: Wenn ein Bekannter an Ihnen vorbeigeht, ohne Sie anzusprechen, wird die eine Person es so interpretieren, dass sie von dem Bekannten ignoriert wurde, während eine andere sich denkt: »Er hat mich wohl nicht bemerkt.« Ebenso wichtig ist emotionale Abstufung der Situation: Eine allgemein eher schüchterne Person kann sich bei öffentlichen Auftritten ziemlich wohlfühlen (viele Schauspieler sagen von sich selbst, dass sie eigentlich schüchtern seien). Charaktereigenschaften müssen also nicht quer durch alle Situationen hindurch konsistent sein. Daher weisen die meisten zeitgenössischen Theorien darauf hin, dass bei den relativ andauernden und gefestigten Charakteristika sowohl situationsbezogene als auch individuelle Faktoren mitwirken, die wir »Persönlichkeit« nennen.

Versuche, den Begriff der Persönlichkeit zu definieren, variieren auch in dem Ausmaß, in dem sie Menschen als *Typen* oder als Inhaber mehr oder weniger bestimmter *Eigenschaften* verstehen. Typologische Ansätze betonen meist die Ähnlichkeiten zwischen Menschen, während sich auf Eigenschaften bezogene Ansätze auf die Unterschiede zwischen Individuen und ihre angeborene Einzigartigkeit konzentrieren. Eysencks Ansatz tut beides: Er benutzt komplexe statistische Techniken, um Hunderte von Eigenschaften, die sich bei einer großen Anzahl von Menschen finden lassen (zum Beispiel optimistisch, aggressiv oder faul zu sein), zu analysieren und zusammenzufassen. Anfänglich ergaben sich für ihn daraus zwei Dimensionen: Introversion – Extraversion und Stabilität – Neurotizismus (Emotionalität). Die Mehrheit der Menschen bewegt sich dabei in der

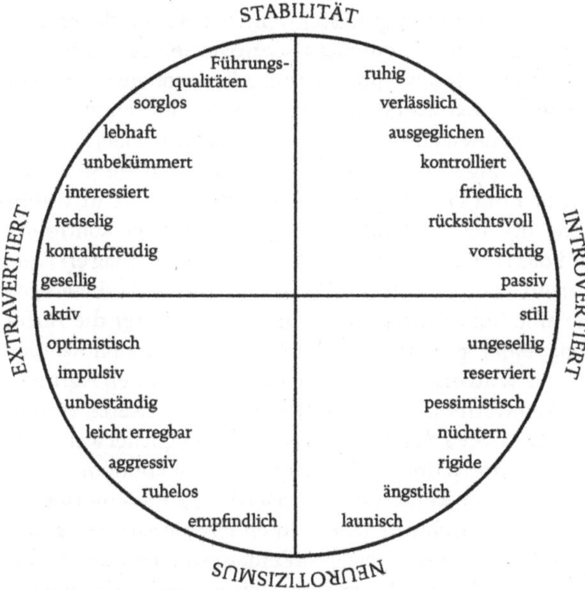

Abb. 15: Eysencks Persönlichkeitstypen

Mitte der Dimensionen. Jede Dimension besteht aus einer Reihe von Eigenschaften. Jemand, der eine davon in besonderem Maß zeigt, wird wahrscheinlich auch bei den anderen Eigenschaften in dieser Dimension hoch abschneiden. Aus diesen Verteilungen ergibt sich ein übergeordneter Typus. Eysencks Persönlichkeitstheorie findet sich in Abb. 15.

Eysenck lieferte eine auf biologischen Erkenntnissen beruhende Basis für diese Theorie. Er nahm an, dass diese Persönlichkeitsdimensionen auf Unterschiede in den Hirnfunktionen zurückzuführen seien, dass Extravertierte etwa eine niedrigere Erregungsschwelle haben und daher mehr Stimulation und Abenteuer als Introvertierte suchen. Zwillingsstudien legen eine genetische Komponente der Introversion – Extraversion nahe. Jüngste Forschungen zur Funktion des Gehirns fanden mögliche neuronale Korrelate (Verbindungen zur Hirnfunktion). Extraversion steht zum Beispiel mit dem Netzwerk jener Hirnsysteme in Verbindung, das die Empfindlichkeit für Belohnungen kontrolliert und das Annäherungsverhalten steuert. Dies mag erklären, warum Extraversion mit Freude korreliert, da diejenigen, die eine hohe Extraversion aufweisen, leichter die Aufregung einer potentiellen Belohnung empfinden werden. Ebenso wird die Extraversion mit einer erhöhten Aufmerksamkeitsverteilung in Reaktion auf soziale Reize verbunden. Dies verweist darauf, dass diese möglicherweise eine größere Motivation für Extravertierte sein könnten. Im Gegensatz dazu werden bei Introvertierten die emotionalen Zentren im Gehirn leichter durch emotionale Reize aktiviert. Introvertierte weisen außerdem einen stärkeren Blutfluss in den Frontallappen ihres Gehirns und in jenen Bereichen auf, die für innere Prozesse zuständig sind, wie etwa zu planen oder Probleme zu lösen. Die Entdeckung neuronaler Korrelate der Persönlichkeit zeigt, dass tatsächlich eine biologische Grundlage besteht, und dass individuelle Unterschiede in der Persönlichkeit mit bedeutenden individuellen Unterschieden in den Gehirnstrukturen und den Reaktionen auf soziale Reize in Zusammenhang stehen.

Es wurde ein psychologischer Test entwickelt, um die Dimensionen von Eysencks Theorie zu messen; mit Fragen wie: »Reden Sie so gern mit anderen Menschen, dass Sie sich keine Gelegenheit entgehen lassen, mit einem Fremden ins Gespräch zu kommen?« und »Bringen Sie schnell Leben in eine langweilige Party?« wird Extraversion gemessen. Wenn jemand Fragen wie »Machen Sie sich oft Sorgen über Dinge, die Sie nicht hätten tun oder sagen sollen?« und »Leiden Sie unter Gefühlen der Minderwertigkeit?« bejaht, deutet dies auf größeren Neurotizismus hin. Obwohl viele Introversion und Extraversion als Kategorien sehen, stellen sie eigentlich eine einzelne kontinuierliche Persönlichkeitsdimension dar, in der einige näher an den jeweiligen Enden sind und die meisten in die Mitte fallen. Der Begriff *Ambiversion* beschreibt jene, die sich in der Mitte des Introversion-Extraversion-Kontinuums bewegen, die manche Eigenschaften von beiden Ausprägungen aufweisen.

Wie sinnvoll sind Intelligenz- und Persönlichkeitstests?

Werte aus psychologischen Tests, die Persönlichkeit und Intelligenz messen, helfen uns vermeintlich dabei, Verhalten und Leistungen voraussagen zu können. Es deutet jedoch alles darauf hin, dass weder Persönlichkeit noch Intelligenz so unveränderlich sind, wie das Konzept psychometrischer Tests es nahelegt. Es gibt Hinweise darauf, dass einige Persönlichkeitsmerkmale, besonders nach der Adoleszenz und den frühen Erwachsenenjahren, über die Zeit hinweg relativ konstant bleiben. Es ist allerdings weniger eindeutig, dass die Werte einer Messung dieser Persönlichkeitsmerkmale tatsächlich das Verhalten einer Person in einer bestimmten Situation vorhersagen können. Das *Paradox von der Konsistenz des Verhaltens* gibt die Tatsache wieder, dass wir dazu neigen, andere Menschen als relativ beständig – »John ist sehr extravertiert« – zu sehen, ungeachtet dessen, dass wir ihr tatsächliches Verhalten nicht zu jedem gegebenen Zeitpunkt vorhersagen können. Untersuchungen der Verhaltensweisen einer bestimmten Person in einer Vielzahl von Situationen zeigen, dass Persönlichkeitsmerkmale sich besser auf einer allgemeinen Ebene vorhersagen lassen (zum Beispiel: »John war in den meisten Situationen extravertiert«), aber nicht so gut in einer einzelnen Situation, da hier sehr viele Variablen beteiligt sind – darunter äußere und innere wie etwa die jeweilige Stimmung und der jeweilige Grad an Müdigkeit.

Großes Interesse besteht auch bezüglich der Frage, ob die Höhe des IQs das Verhalten vorhersagt. Während es zwar eine Beziehung zwischen IQ-Höhe und Aspekten intelligenten Verhaltens wie zum Beispiel einer bestimmten beruflichen Leistung gibt, ist sie jedoch keineswegs ausgeprägt. Innerhalb der meisten Berufe gibt es eine große Spannbreite hinsichtlich der Höhe des IQs. Einige Studien scheinen sogar darauf hinzudeuten, dass der sozioökonomische Hintergrund mehr über den zukünftigen akademischen und beruflichen Erfolg aussagt als die Höhe des IQs.

Eine Langzeitstudie von Kindern mit sehr hohen IQs ergab, dass einige als Erwachsene sehr erfolgreich waren, andere dagegen nicht. Zwischen beiden Gruppen bestand dabei kein Unterschied im IQ. Enorme Unterschiede gab es jedoch in Bezug auf die Motivation: Die Erfolgreicheren hatten mehr Ehrgeiz und Siegeswillen.

Obwohl Psychologen bedeutende Fortschritte bei der Quantifizierung und Messung der Unterschiede zwischen Menschen gemacht haben, darf diese Tatsache doch nur mit Vorsicht genossen werden. Bei der Interpretation eines einzigen Testergebnisses muss man unbedingt bedenken, dass viele Faktoren, unter anderem das genetische Potential, die Erfahrung, die Motivation und die Testbedingungen, Einfluss hatten. Ein einzelnes Ergebnis wie zum Beispiel das eines IQ-Tests darf nicht so gewertet werden, als ob damit die Grenzen der Leistungsfähigkeit des Betroffenen festgelegt seien. Man sollte die Testergebnisse vielmehr als Anzeiger für den derzeitigen Stand der getesteten Person oder den ungefähren Bereich verstehen, in dem sie sich im Allgemeinen bewegen wird. Andere Gefahren bei psychometrischen Tests liegen in den Werturteilen, die mit bestimmten Ergebnissen verbunden werden. Es könnte zum Beispiel unausgesprochen angenommen werden, dass höhere Ergebnisse besser und deshalb Personen mit höheren Ergebnissen »überlegen« seien. Im Extremfall können derartig gefärbte Ergebnisse als Argument für gesellschaftlich-soziale und politische Zwecke eingesetzt werden, um Ideen wie die der Erbhygiene zu unterstützen, die darauf abzielt, die genetische Zusammensetzung einer Bevölkerung zu optimieren, indem die vermehrte Reproduktion gewünschter Menschen/Eigenschaften vorangetrieben und die Reproduktion weniger gewünschter Menschen/Eigenschaften reduziert wird. Im Allgemeinen hat das Wissen, wie man die Unterschiede zwischen Menschen in Bezug auf typologische Dimensionen wie etwa Intelligenz und Persönlichkeit messen kann, uns geholfen, mehr über die Anzahl der dabei eine Rolle spielenden Variablen, die Möglichkeiten zu Veränderungen sowie den Zusammenhang mit der Leistungsfähigkeit und der Zufriedenheit zu erfahren.

8
Was geschieht, wenn etwas schiefgeht? Klinische Psychologie

Die Klinische Psychologie befasst sich mit atypischem oder dysfunktionalem Verhalten, psychischen Störungen oder Krankheiten. Durch ein Verständnis der Prozesse, die zu den normalen psychischen Funktionen des Menschen beitragen (zum Beispiel in Bezug auf die sinnliche Wahrnehmung, das Lernen, die Erinnerung, Kognition, Gefühle, Persönlichkeit, Entwicklung und Sozialbeziehungen), können wir verstehen, was geschieht, wenn diese Prozesse nicht richtig funktionieren. Die Erforschung von Sinnestäuschungen hat gezeigt, in welchem Ausmaß wir normalerweise unsere Vorstellungen von der Realität aktiv konstruieren, sowie die gewaltige Menge an Gehirnaktivität, die unbewusst bleibt (siehe Kapitel 2). Dennoch nehmen wir an, dass wir die reale Welt kennen können und nicht halluzinieren. Wie können wir das wissen? Warum meinen wir, dass die Wirklichkeit normal ist und Halluzinationen nicht, wenn uns bewusst ist, dass unser Wissen von der Wirklichkeit das Produkt konstruierender Prozesse ist und daher selbst illusorisch genannt werden könnte?

Wie entscheiden wir, was abnormal ist?

Extreme Formen psychischer Abnormität sind leicht zu erkennen, doch der Punkt, an dem Normalität zur Abnormität wird, ist weniger leicht zu ziehen. Es ist beispielsweise normal, Trauer nach einem Todesfall zu empfinden, doch sind die Grenzen zwischen normalem und abnormem Kummer sowie zwischen Kummer und klinischer Depression nicht so klar. Es ist nicht normal, jede Quittung aufzuheben, die man jemals erhalten hat, so dass schließlich kaum noch Platz in der Wohnung ist. Doch ist es ebenfalls abweichend, die meisten Quittungen ein oder zwei Jahre »nur für den Fall« aufzuheben? Die meisten Menschen betrachten es als normal, gelegentlich irrationale Ängste, wie zum Beispiel vor Höhen oder vor öffentlichen Auftritten, zu haben. Doch was passiert, wenn die Angst so ausgeprägt ist, dass sie uns davon abhält, über Brücken zu fahren oder unserem Beruf nachzugehen? Unsere Vorstellungen von Normalität entstehen durch die Wahrnehmung des Ungewöhnlichen oder Abnormalen in der Gegenwart, doch werden sie auch davon beeinflusst, was in der Vergangenheit geschehen ist, oder von unserem Gefühl, ob etwas akzeptabel ist oder nicht: durch geschichtliche und kulturelle Faktoren – man denke etwa an die Änderungen in den Meinungen zu Homosexualität, dem rechtlichen und psychiatrischen Status und Debatten zur Elternschaft gleichgeschlechtlicher Paare.

Anomalien lassen sich auf viele Arten konzeptualisieren. *Psychologische* Konzepte betonen erhebliches persönliches Leid und Beeinträchtigungen: Wenn persönliches Leiden beteiligt ist oder wenn die eigene Verfassung jemanden davon abhält, wichtige Ziele zu erreichen, dann wird sie als dysfunktional und interventionsbedürftig angesehen. Dieser Ansatz hat Mühe damit, jene Menschen einzubeziehen, denen es unmöglich ist, ihre Schwierigkeiten zu erkennen. Zu nennen wären beispielsweise jene, die an Größenwahn leiden und die es nicht verstört, dass sie denken, sie seien

Gott, oder Personen mit Anorexie, für die die Vorteile des starken Untergewichts die schwerwiegenden Gesundheitsrisiken möglicherweise aufwiegen. Problematisch ist auch, Verhalten nur deshalb als abweichend zu definieren, weil es eine große emotionale oder nervliche Belastung verursacht (wie etwa auf der Autobahn zu fahren) – das Verhalten selbst könnte nämlich normal und nur der Grad des Leidens außergewöhnlich sein.

Medizinische Konzepte der Abnormität sehen dieses Verhalten als Symptom einer zugrundeliegenden Krankheit (wie zum Beispiel von Schizophrenie oder einer bipolaren Störung), deren Ursache genetisch bedingt sein oder strukturelle oder chemische Hirnanomalien miteinschließen kann. Dieses medizinische Modell wird deshalb kritisiert, weil es die Einflüsse der jeweiligen Umgebung sowie das soziale Milieu des Patienten ignoriert und seine persönliche Verantwortung untergräbt – zum Beispiel dann, wenn Menschen einen Arzt brauchen, um »geheilt« zu werden. Auch die Gültigkeit des Modells wurde in Frage gestellt, da zwei Menschen mit derselben Diagnose unterschiedliche Symptome haben können oder jemand womöglich nicht alle zutreffenden Symptome aufweist, um die Kriterien für eine Diagnose einer bestimmten Krankheit zu erfüllen, sondern lediglich ein oder zwei Symptome wie Misstrauen oder soziale Isolation in schwerem Maß zeigt. Strenggenommen leidet diese Person, obwohl ihr Verhalten auffällig abweichend sein kann, nicht an einer Krankheit.

Abweichungen werden auch durch sowohl *statistische* als auch *soziale* Normen definiert. So werden Menschen als geistig behindert eingestuft, wenn ihr IQ im Vergleich in den niedrigsten 2,5 % der Bevölkerung anzusiedeln ist. Doch dieser Ansatz verwechselt Normalität mit Erwünschtheit. Erwünschte Verhaltensweisen oder Eigenschaften können statistisch ungewöhnlich sein – wie ein IQ in den oberen 2,5 % –, aber nicht als abnorm betrachtet werden! Darüber hinaus sind emotionale Probleme wie Depressionen oder Angstzustände hinreichend verbreitet, dass sie statistisch gesehen normal sind. Der Kontext, in dem sie auftreten, hilft, zu bestimmen, was normalerweise erwartet werden würde: Ein gewisser Grad an depressiver Verstimmung ist eine normale Reaktion auf eine Trennung, doch nicht auf einen hohen Lottogewinn. Verhalten, das von dem für einen bestimmten sozialen Kontext typischen abweicht, kann auch als nicht normal angesehen werden (wie etwa sich in der Innenstadt auszuziehen oder die Straße rückwärts entlangzugehen). Obwohl bei diesem Ansatz die Umgebung des Menschen einbezogen wird, hängt er doch völlig von den gerade zufällig vorherrschenden sozialen, moralischen und kulturellen Einstellungen ab und ist daher auf Werturteile darüber, was als normal gilt, angewiesen.

Existentielle Ansätze sehen abweichendes Verhalten als unweigerliche Reaktion auf eine unberechenbare Welt. Jede Person ist für ihre eigene Definition von Normalität (und Identität) verantwortlich. Störungen kommen dann auf, wenn Menschen sich gezwungen sehen, gesellschaftlichen Erwartungen zu entsprechen, anstatt in der Verfolgung ihrer eigenen wahren Werte und Ziele authentisch zu handeln. Dies kann auch erklären, warum das Verhalten einer Person für sie selbst weniger ein Problem darstellt als für ihre Mitmenschen oder die Gesellschaft (beispielsweise in einem Restaurant nicht per Rezept verschriebene Drogen zu konsumieren oder zu rauchen).

Klinische oder *psychohygienische Ansätze* versuchen, Normalität oder gesundes psychologisches Funktionieren festzulegen und dann als Kontrast dazu Abnormität zu definieren. Als ideal psychisch gesund gelten die angemessene Wahrnehmung der Wirklichkeit, ein gewisses Maß an Selbsterkenntnis und Bewusstheit der eigenen Gefühle und Motive sowie an Selbständigkeit und Vertrauen in die Fähigkeit zur Selbstbeherrschung, das Selbstwertgefühl und die Selbstbejahung, die Fähigkeit, enge und befriedigende Beziehungen einzugehen, sowie die Meisterung der direkten Umwelt, also den wechselnden Anforderungen alltäglicher Situationen gewachsen zu sein. Selbstverständlich wird nicht jeder diesem Ideal die ganze Zeit entsprechen. Eine Schwierigkeit dieses Ansatzes liegt außerdem darin, zu entscheiden, wie groß eine Abweichung denn nun sein muss, um als Abnormität zu gelten.

Da keine der obigen Definitionen vollkommen befriedigend ist, wäre es vielleicht besser, verschiedene Elemente aus den Definitionen miteinander zu kombinieren, wie in Kasten 8.1 gezeigt wird.

Ein Problem bei der Definition von Abnormität besteht darin, dass sowohl die Vorgeschichte als auch die gegenwärtige Situation jeder Person dazu beiträgt, wie sie denkt, fühlt und handelt (sich verhält), und all das sollte einbezogen werden. Zum Beispiel kann ein bestimmtes Verhalten in einem früheren Zusammenhang möglicherweise völlig angemessen gewesen sein. Wenn ein Kind lernt, Bestrafung oder Kritik dadurch zu vermeiden, dass es sich ruhig verhält, dann zeigt es ein dieser Situation angepasstes Verhalten. Wenn diese Form der Zurückhaltung jedoch bis ins Erwachsenenalter erhalten bleibt, dann könnte es etwa den

Kasten 8.1 Faktoren, die auf abweichendes Verhalten hinweisen

Keiner dieser Faktoren ist notwendig oder hinreichend, um auf abweichendes Verhalten zu schließen, doch können sie auf Abnormität hinweisen:

Leiden; Irrationalität und Unverständlichkeit; Sprunghaftigkeit und Kontrollverlust; persönliche und soziale Fehlanpassung; Unkonventionalität; Verletzung moralischer und ideeller Normen; die Verursachung von erheblichem Leid bei denen, die dieses Verhalten beobachten.

Dieser Ansatz ist flexibel, basiert jedoch auf subjektiven Urteilen, über die Menschen unterschiedlicher Meinung sein können.

Betroffenen davon abhalten, enge vertrauensvolle Beziehungen aufzubauen. Der Prozess kann sich hier normal und zu Beginn anpassungsfähig gestalten, später jedoch zu einem Verhalten führen, das fehlangepasst ist: Der Prozess greift in die Fähigkeit ein, mit anderen Beziehungen einzugehen, und verursacht erhebliches Leid.

Abweichungen klassifizieren

Der Versuch, die verschiedenen Formen abweichenden Verhaltens zu klassifizieren, hat Vor- und Nachteile. Ein möglicher Vorteil besteht darin, dass wir dann, wenn verschiedene Arten von Abnormität unterschiedliche Ursachen haben, vielleicht mehr über die vielfältigen Syndrome verstehen, wenn Menschen mit einem bestimmten Problem untersucht und Ähnlichkeiten gesucht werden, wie beispielsweise in ihrer Vorgeschichte, ihrem Verhalten oder in ihrer Physiologie. Als man viele Menschen untersuchte, die Panikattacken hatten, bemerkte man, dass sie dazu neigten, ihre Körperwahrnehmungen während eines Anfalls als Anzeichen für bevorstehende Katastrophen zu interpretieren: Kurzatmigkeit wurde als bevorstehendes Ersticken interpretiert, Herzrasen wies auf einen drohenden Herzinfarkt hin. Weitere Untersuchungen zeigten, dass diese katastrophischen Interpretationen eine zentrale Rolle bei Panikattacken spielen.

Unterschiedliche Arten abweichenden Verhaltens zu klassifizieren und mit Diagnosen, das heißt: mit medizinischen Namen für Krankheiten (Fachausdrücke wie »Anorexia nervosa« oder »Hypochondrie«) zu versehen, vermittelt mit relativ wenigen Worten eine Fülle an Informationen. Zum Beispiel besagen die vereinbarten Kriterien für die Definition, dass Menschen mit Anorexie die Bedeutung von Form und Gewicht überbetonen und ihre Nahrungsaufnahme drosseln, um dünner zu werden. Die gesammelten Informationen aus gut durchgeführten Untersuchungen zur Behandlung von Anorexie helfen auch dabei, herauszufinden, welche Behandlungen am effektivsten sind. Bei der Benutzung diagnostischer Termini sollte man jedoch unbedingt vermeiden, in Stereotype zu verfallen. Es besteht die Gefahr, Menschen, die etikettiert wurden, später dann als identisch mit anderen Menschen mit demselben Etikett anzusehen, obwohl die Unterschiede in Wirklichkeit oft genauso groß sind wie die Ähnlichkeiten. Das kann bedeuten, dass wichtige Details *ihres* Problems und individuelle Reaktionen darauf (oder auch zusätzliche Schwierigkeiten wie ein niedriges Selbstwertgefühl) ignoriert werden. Auch kann es einem Menschen seine Würde absprechen, wenn er als Person und nicht seine Krankheit abgestempelt wird – statt: »Er leidet unter Schizophrenie« sagt man: »Er ist ein Schizophrener«, als würde die Person einzig über die Krankheit definiert und sei ansonsten keine Person mehr.

Psychiatrische Diagnosen werden nach den Richtlinien detaillierter Klassifizierungssysteme gestellt, wie dem *Diagnostic and Statistical Manual of Mental Disorders* (kurz: DSM-IV-TR; in deutscher Sprache ist es als *Diagnostisches und statistisches Manual psychischer Störungen* als Buch und als CD-ROM erschienen), das von der American Psychiatric Association herausgegeben wird. Solche Systeme sind, obwohl sie regelmäßig verändert und überarbeitet werden (die 5. Auflage in 2013), für die Forschung und klinische Zwecke nützlich. Sie bieten Menschen, die in unterschiedlichen Bereichen arbeiten, eine »gemeinsame Sprache«, um jede Störung zu verstehen, so dass sie wissen, dass sie sich auf dieselbe Sache beziehen. Außerdem bieten sie einen klar definierten Weg, um festzustellen, ob die Kriterien für eine Diagnose erfüllt sind. Die Hauptkategorien abweichenden Verhaltens nach DSM-IV-TR werden in Tabelle 8.1 aufgezählt.

Um die Kriterien für Diagnosen nach der DSM zu erfüllen, muss der Betroffene eine gewisse Anzahl der festgelegten Symptome über einen gewissen Zeitraum gezeigt haben. Außerdem müssen diese Symptome beträchtliches Leiden oder Störungen bei ihm verursacht haben. Es gibt im DSM-IV also keine »Alles-oder-nichts«-Definitionen. Die verschiedenen Formen abnormen Verhaltens bewegen sich in einem gemeinsamen Kontinuum mit normalem Verhalten. Daher ist es einfach, sich selbst darin wiederzuerkennen, wenn man über abweichendes Verhalten liest. Menschen können leicht das Gefühl bekommen, jede Diagnose zu erfüllen, wenn sie die Einzelheiten zum ersten Mal durchgehen.

Tabelle 8.1 Verschiedene Typen abweichenden Verhaltens

Kategorie	Beispiele für spezifische Störungen
Schizophrene und andere psychotische Störungen	Eine durch Symptome des Verlusts des Realitätsbewusstseins charakterisierte Gruppe, wie zum Beispiel Halluzinationen oder Wahnvorstellungen, deutliche Störung des Denkens und Wahrnehmens, desorganisiertes und bizarres Verhalten sowie negative Symptome wie eine schwache emotionale Reaktion und niedrige Motivation.
Angstzustände	Mehrere Störungen, darunter posttraumatische Belastungsstörung, deren Hauptmerkmale in Angstverhalten bestehen: entweder als Reaktion auf einen bestimmten Stimulus wie bei Phobien oder eher diffuse Ängste wie zum Beispiel ein allgemeiner Angstzustand. Viele dieser Angststörungen umfassen Panikanfälle und sind definiert durch das plötzliche, heftige Auftreten von Angstsymptomen.
Störungen der Gemütslage	Verwirrungen der normalen Gemütslage von extremer Depression bis zu abnormer Hochstimmung (Manie) oder ein Wechseln zwischen den beiden (bipolare Störung).

Somatoforme Störungen	Physische Symptome, wie Schmerz oder Lähmung, für die sich keine körperlichen Auslöser finden lassen und bei denen psychische Faktoren eine Rolle zu spielen scheinen, zum Beispiel Lähmungserscheinungen, die nur in bestimmten Situationen auftreten, in anderen hingegen nicht. In diese Kategorie fallen auch Hypochondrie, Somatisierungsstörungen und körperdysmorphe Störungen (Fixierung auf einen wahrgenommenen Defekt des Aussehens).
Dissoziative Störungen	Aus emotionalen Gründen eintretende Spaltung der normalerweise integrierten Funktionen von Bewusstsein, Gedächtnis, Identität oder Wahrnehmung. In diese Kategorie fallen die Dissoziative Identitätsstörung (früher: Multiple Persönlichkeitsstörung), Depersonalisation, dissoziative Amnesie und Fugue (zum Beispiel, sich nicht mehr an ein traumatisches Erlebnis erinnern zu können).
Störungen der Sexualität und Geschlechtsidentität	Störungen des sexuellen Begehrens und der sexuellen Präferenz wie das sexuelle Interesse an Kindern (Pädophilie) oder an Objekten (Fetischismus), Störungen der Geschlechtsidentität wie Transsexualismus (das Gefühl, im Körper des falschen Geschlechts gefangen zu sein) und sexuelle Funktionsstörungen (zum Beispiel Impotenz).
Essstörungen	Schwerwiegende Störungen des Essverhaltens, zum Beispiel Binge Eating, Magersucht (Anorexie) oder Bulimie (Bulimia nervosa, der Zwang, Essen wieder zu erbrechen).

Schlafstörungen	Anomalien hinsichtlich Dauer, Qualität oder Schlafrhythmus (zum Beispiel Schlaflosigkeit) oder abnormes Verhalten bzw. physische Vorkommnisse während des Schlafens (zum Beispiel Alpträume, nächtliche Angstzustände, Schlafwandeln).
Störungen der Triebkontrolle, die nicht anderweitig klassifiziert sind	Fehlender Widerstand gegen Triebe, Impulse oder Versuchungen, die einem selbst oder anderen Schaden zufügen können, wie zum Beispiel Kleptomanie (impulsives Stehlen, ohne sich bereichern zu wollen) oder Trichotillomanie (krankhafte Sucht, die eigenen Haare auszureißen) oder pathologische Spielsucht.
Persönlichkeitsstörungen	Anhaltende Muster des inneren Erlebens und Verhaltens, die durchdringend und unflexibel sind: Sie führen zu seelischem Leid oder zu Funktionsstörungen und weichen vom Verhalten her gesehen von sozialen Normen ab; typisch etwa für den Narzissmus ist ein hohes Maß an Selbstüberhöhung oder Größenphantasien, das zwanghafte Bedürfnis nach Bewunderung und das Fehlen von Einfühlungsvermögen; die zwangsneurotische Persönlichkeit ist gekennzeichnet durch zwanghafte Ordentlichkeit, Perfektionismus und ein Bedürfnis nach absoluter Kontrolle.
Substanzbezogene Störungen	Substanzgebrauchsstörung wie übermäßiger Genuss oder Abhängigkeit von Alkohol oder Drogen und substanzinduzierte Störungen, bei denen der Konsum von Substanzen zu anderen Symptomen wie Psychosen oder Delirien führt.

Künstliche Störungen	Symptome, die absichtlich hervorgerufen oder vorgetäuscht werden, um in die Rolle des Kranken zu schlüpfen. Zum Beispiel um finanzielle Vorteile zu erreichen oder die Zurechnungsfähigkeit zu vermindern. Diese sind meistens selbst zugefügt, können aber auch an anderen Personen stellvertretend ausgelebt werden (*by proxy*), z. B. oft an einem unmündigen Kind (durch den Vormund).

Abnormität erklären und wirksame Therapien entwickeln

In der Vergangenheit wurden Abnormitäten auf ein weites Spektrum von Ursachen zurückgeführt. Dies reichte von Mangelerscheinungen in der Ernährung bis zu Mondphasen oder bösen Geistern. In unserer Zeit haben wissenschaftliche Methoden wie die sorgfältige Beobachtung und die Prüfung von Hypothesen zu zahlreichen verschiedenen Theorien geführt. Diese Erklärungen beziehen sich eng auf die verschiedenen Sichtweisen des Konzeptes Persönlichkeit, die in Kapitel 7 (S. 141) ausgeführt werden. Die verschiedenen Erklärungen abweichenden Verhaltens unterscheiden sich darin, wie stark sie sich auf die Vergangenheit oder auf die Gegenwart beziehen, ob sie sich auf psychologische Theorien oder medizinische Modelle stützen und ob die Meinungen von Therapeut und Patient das gleiche Gewicht eingeräumt bekommen. Sie befürworten auch unterschiedliche Formen der Intervention oder Therapie.

Das *medizinische Modell*, das in der Psychiatrie viele Jahre lang vorherrschend war, verstand abweichendes Verhalten als Folge von körperlichen oder seelischen Krankheiten, die durch genetische, biochemische oder physische Funktionsstörungen in Gehirn bzw. Körper verursacht werden. Einer der frühesten Erfolge des medizinischen Modells war die Entdeckung, dass *paralytische Demenz*, eine Anfang des 20. Jahrhunderts verbreitete, lähmende Form der Demenz, Spätfolge einer Syphilisinfektion ist. Wie auch in anderen Zweigen der Medizin, geht es in der Praxis vorrangig darum, eine korrekte Diagnose zu stellen. Nach dieser richtet sich die Behandlungsmethode. Häufig handelt es sich dabei um einen körperlichen Eingriff, der darauf abzielt, die Funktionsweisen des Gehirns zu verändern – zum Beispiel medikamentöse Behandlungen (etwa mit Antidepressiva oder Antipsychotika), Psychochirurgie (chirurgische Techniken, die bestimmte Bereiche des Gehirns zerstören oder abtrennen) oder ECT (Elektroschock-Therapie, in der Krämpfe eingeleitet werden, die das chemische Gleichgewicht im Gehirn beeinflussen). Sowohl Psychochirurgie als auch ECT wurden vor dem Aufkommen von medikamentösen Behandlungen weit verbreitet und relativ wahllos eingesetzt. In der modernen Psychiatrie werden ECT und Psychochirurgie meistens nur als letzte Möglichkeit eingesetzt, wenn alle anderen Behandlungen fehlschlugen und eine dringende Intervention nötig ist, zum Beispiel bei einem hohen Suizidrisiko. Neue Behandlungsmethoden sind noch in der Entwicklung: Forschungen legen nahe, dass es möglich werden könnte, behandlungsresistente Depression mit hochpräzisen Methoden der tiefen Gehirnstimulation zu lindern. Die Forschung der Pharmakotherapie (also der Behandlung mit Arzneimitteln) bringt laufend neue Medikamente hervor, die immer passgenauer wirken. Dennoch funktionieren sie nicht für jeden, Rückfälle nach einer Unterbrechung der Medikation sind häufig. Während moderne psychoaktive Medikationen nicht mehr die entkräftenden Nebenwirkungen ihrer Vorläufer haben, treten Nebenwirkungen wie Gewichtszunahme, Gelenksteife und gelegentlich sogar eine Zunahme des suizidalen Zustands oder des Aggressionspotentials auf.

Psychodynamische Ansätze basieren ursprünglich auf dem Werk von Sigmund Freud und erklären Anomalien durch Konflikte zwischen verschiedenen Triebimpulsen, die zu Angstzuständen führen. Diese lösen *Abwehrmechanismen* aus, d.h. Strategien, mit Hilfe derer Angst vermieden oder reduziert und das Ich des Betroffenen geschützt wird. Die Therapie konzentriert sich oft auf frühe Lebenserfahrungen und hilft, die unbewussten Motive des Patienten freizulegen und die ursprünglichen, frühen Konflikte zu lösen. Psychodynamisch orientierte Therapeuten entwickelten Techniken wie die *freie Assoziation*, in der die Patienten ungefiltert alles nennen sollten, was ihnen durch den Kopf ging, und die Assoziationen anschließend im Sinne der psychodynamischen Theorien gedeutet wurden.

Die *humanistische Psychotherapie* konzentriert sich eher auf die Gegenwart und geht davon aus, dass die Patienten ihre eigenen Probleme am besten verstehen können. Der Selbstbezug jeder Person wird als das Wichtigste gesehen, wenn es um persönliches Wachstum und Wohlbefinden geht. Ziel der Therapie ist es, Selbstachtung und Selbstakzeptanz zu fördern. Die Therapeuten nehmen eine Haltung »vorbehaltloser positiver Zuwendung« ein: d.h., sich ohne Verstellungen oder Vorverurteilungen, mit Wärme,

Akzeptanz und Empathie zu zeigen – Einstellungen, die mittlerweile allgemein empfohlen werden.

Rein verhaltenstherapeutische Ansätze erklärten psychisch auffällige Symptome als fehlangepasste Verhaltensmuster, die erlernt worden sind und daher auch wieder verlernt werden können. Anfangs behaupteten sie, dass es für eine Behandlung nicht nötig sei, die Ursprünge abweichender Verhaltensweisen zu kennen. Interventionen konzentrierten sich entsprechend ausschließlich auf gegenwärtig beobachtbares Verhalten. Innere Vorgänge und Bedeutungen und die Vorgeschichte des Patienten wurden als unwichtig betrachtet. Zu den Therapietechniken gehörte das Rekonditionieren, zum Beispiel durch *systematische Desensibilisierung*. Dabei kommen Entspannungstechniken zur Anwendung, um Angstzustände in der Konfrontation mit einer Folge sich zuspitzender Angst auslösender Situationen zu reduzieren.

Seit kurzem werden verhaltenstherapeutische Ansätze mit kognitiven Ansätzen zur kognitiven Verhaltenstherapie (KVT) verbunden. Kognitiv-verhaltenstherapeutische Ansätze berücksichtigen die Vorgeschichte, gegenwärtige Verhaltensmuster, Ergebnisse aus der experimentellen Forschung in der Kognitionspsychologie sowie Ergebnisse aus der Forschung zur klinischen Effektivität und vor allem »Kognition«. Kognition umfasst etwa Gedanken, Annahmen, Überzeugungen, Einstellungen oder Erwartungen : Überlegungen darüber, wie jemand seiner Vergangenheit, Gegenwart und Zukunft Sinn gibt, die sich sowohl in Träumen und Bildern als auch im Verhalten widerspiegeln können. Die Patienten werden dazu ermutigt, die kognitiven Prozesse, durch die sie in einen gewissen Geisteszustand kommen, eingehend zu untersuchen, und diese Prozesse gemeinsam mit den Verhaltensweisen, die sie möglicherweise verstärken, zu ändern, um sich besser zu fühlen.

In allen wichtigen Psychotherapien hängt die genaue Intervention von der eigentümlichen Formulierung des Patienten ab, also davon, wie die Theorie in der Praxis angewandt wird. Die Formulierung soll ein personalisiertes Verständnis der relevanten Faktoren liefern. Ein Beispiel der KVT: Diese würden die vergangenen Erlebnisse, eine Anfälligkeit für psychische Störungen, Vorläufer von Problemen sowie die Faktoren, die das Problem in der gegenwärtigen Umwelt aufrechterhalten, umfassen. Jemand, der in der Schule schikaniert wurde, könnte also zu der Überzeugung gelangen, dass er untragbar für andere ist. Solche Überzeugungen lassen die Betroffenen anfällig dafür zurück, sich als Erwachsene als unpassend und nicht liebenswert zu fühlen. Wenn diese Überzeugungen durch Umstände der Umwelt aktiviert werden (beispielsweise durch die Erfahrung einer Zurückweisung), regen sie fehlangepasste Reaktionsmuster an (wie etwa eine Form von Vermeidung oder Strategien zum Selbstschutz), die das Problem am Leben halten. Ein Kreislauf der Aufrechterhaltung kann mit Gedanken darüber, nicht liebenswert zu sein, beginnen und zu Angstzuständen in sozialen Situationen bis hin zur Vermeidung von sozialem Kontakt führen. Die daraus resultierende Isolation bestätigt dann die Überzeugung, nicht liebenswert zu sein. Interventionen umfassen eine Neubewertung der Gültigkeit der Gedanken. Außerdem werden diese in den gegenwärtigen Umständen des Patienten ausgetestet, indem eine Kombination kognitiver und verhaltenstherapeutischer Methoden angewendet wird (diese werden in einem Einführungsbuch von Westbrook [u. a.] (2007) übersichtlich beschrieben). Themen, die aus der Vergangenheit auftauchen und in gegenwärtigen Überzeugungen widergespiegelt werden, können ebenfalls adressiert werden.

Jüngere Untersuchungen haben ergeben, dass Kinder, die im Alter zwischen acht und zehn Jahren gemobbt worden sind, siebenmal wahrscheinlicher als andere Kinder Symptome anhaltender psychischer Probleme im Alter von zwölf aufweisen. In dieser Studie weisen sowohl die Biographien von Kindern, die gemobbt, als auch die von solchen, die nicht gemobbt wurden, ähnliche widrige familiäre Umstände, vorherige psychische Probleme und nachteilige Erfahrungen in ihrer Erziehung auf. Solche Untersuchungen verdeutlichen die Verbindungen zwischen wissenschaftlicher Forschung und klinischer Praxis. Die Ergebnisse tragen zu einem Verständnis des Problems und dessen Entstehung bei und fördern die Arbeit an der Entwicklung wirksamer Behandlungen.

Es gibt viele Formen der Intervention durch kognitive Verhaltenstherapie. Jüngere Innovationen schließen Entwicklungen in den Möglichkeiten ein, wie KVT-Interventionen zur Verfügung gestellt werden, darunter Selbsthilfe-Pakete oder Computerprogramme, die Menschen beibringen, ihr Denken stärker herauszufordern oder mit neuen funktionalen Verhaltensweisen zu experimentieren. Entwicklungen in der Theorie, die der KVT zugrunde liegt, deuten darauf hin, dass genauso viel dadurch erreicht werden kann, unsere Beziehung zu unseren Gedanken zu ändern, als wenn wir den Inhalt unseres Denkens ändern. Aus diesem Grunde wurden Meditationstechniken mit

Elementen der KVT verbunden und daraus die »Achtsamkeitsbasierte Kognitive Therapie« (engl. *Mindfulness Based Cognitive Therapy*, MBCT) entwickelt, die sich als wirksam erwiesen hat, Menschen mit wiederkehrenden depressiven Episoden vor Rückfällen zu bewahren. Auch außerhalb des klinischen Umfelds wurden Techniken wie die »Cognitive Bias Modification« erforscht, um Denkmuster (kognitive Verzerrungen) zu ändern.

Man kann zusammenfassen, dass es nicht ganz so einfach ist, die Grenze zwischen abnormem und normalem Verhalten zu ziehen. Ob etwas als abweichend angesehen wird, ist einigermaßen subjektiv und hängt von der Situation, den gegenwärtigen Werten und Normen sowie davon ab, wie Normalität und Abnormität definiert werden. Die unterschiedlichen Arten, in denen normales Verhalten und eine normale Persönlichkeit begriffen werden, haben auch Einfluss auf das Verständnis und die Therapie von Abnormität. Viele Faktoren können dazu beitragen, psychische

Abb. 16: KVT: Eine andere Sicht der Dinge
Jetzt blies der Wind von vorne und Ferkels Ohren flatterten hinter ihm her wie Wimpel, während Ferkel um jeden Fußbreit Boden kämpfte, und es schien Stunden gedauert zu haben, als es die Ohren endlich in den Schutz des Hundert-Morgen-Waldes gebracht hatte und sie wieder aufrecht stehen konnten, um, ein wenig nervös, dem Toben des Sturms in den Baumwipfeln zu lauschen.
»Angenommen, ein Baum fällt um, Pu, wenn wir direkt darunter stehen?«
»Angenommen, er fällt nicht um«, sagte Pu nach sorgfältigem Nachdenken.
(aus: A. A. Milne, *Pu baut ein Haus*, achtes Kapitel)

Probleme, an denen Menschen leiden, zu verursachen: genetische Einflüsse, Hirnstrukturen und Chemie, frühkindliche Erfahrungen, bestimmte Lernformen in der Vergangenheit, unbewusste Konflikte, Stress auslösende oder traumatische Ereignisse sowie bestimmte Denkstile. Klassifizierungssysteme helfen in der Kommunikation über das Verhalten und dem Verständnis ihm gegenüber, doch ihre Zuverlässigkeit und ihr Nutzen werden noch immer in Zweifel gezogen.

Trotz dieser Schwierigkeiten trägt die Klinische Psychologie viel zu der Entwicklung von Interventionen bei. Bei der Auswahl der besten Therapiemethode ist es schwierig, die Wirksamkeit unterschiedlicher Ansätze präzise zu vergleichen. Dies gilt vor allem deshalb, weil nicht alle Methoden sich gleich gut überprüfen lassen. Wie messen wir etwa den Grad eines unbewussten Konflikts? Die nachweislich wirkungsvollsten Therapiemethoden sind jene wie KVT, die auf überprüfbaren Theorien aufbauen und mit sämtlichen Hilfen, die die Wissenschaft zur Verfügung stellen kann, getestet worden sind. Zu nennen wären hier: unabhängige »blinde« Beurteilungen der Wirkungen, Experimente zum Austesten spezifischer Hypothesen, ein in verschiedensten Situationen anwendbares standardisiertes Ergebnismaß, langfristige Wiederholungen und Überprüfungen der Ergebnisse an geeigneten Vergleichsgruppen. Im Moment scheint es so zu sein, dass sowohl medikamentöse als auch psychotherapeutische Behandlungsmethoden bei der Linderung von Leidenssymptomen wirksam sein können und dass Psychotherapien wie die KVT in Hinsicht auf niedrigere *Rückfallraten* (also in Bezug auf den Anteil von Patienten, deren Zustand sich nach Beendigung der

Behandlung wieder verschlechtert) besser als medikamentöse Therapien abschneiden. Die Wirksamkeit aller Interventionen variiert jedoch je nach individueller Ausprägung – manche Zustände sind besser »behandelbar« als andere, und Faktoren wie die Dauer und Schwere eines Problems beeinflussen den Erfolg der Behandlung (medikamentöse Therapien sind eher bei schweren als bei leichten Depressionen indiziert). Ersatzweise werden einige Ausprägungen eine Kombination aus medikamentöser und psychotherapeutischer Intervention rechtfertigen. Eine nützliche Zusammenfassung der gegenwärtigen praktischen Richtlinien gibt *What works for whom* (Roth & Fonagy, 2005), das von einem Psychiater und einem Psychologen in enger Zusammenarbeit geschrieben wurde.

Die Entwicklungen in der Klinischen Psychologie wurden zum Teil auch durch Fortschritte in anderen Bereichen der Psychologie ermöglicht. Dazu gehört das Verständnis der Art und Weise, wie Wahrnehmung und Aufmerksamkeit durch Stimmungen beeinflusst werden (wie etwa Angst einen dazu zwingt, ständig nach Gefahren auszuschauen, d. h. überwachsam zu sein; man nennt dieses Phänomen Hypervigilanz); die Art und Weise, wie man ein Signal wahrnimmt, ohne sich dessen bewusst zu sein, oder wie man in Trübsal verfallen kann, ohne zu wissen, warum; wie Erinnerungen sowohl präzise als auch unpräzise sein können und wie schwer es sein kann, sich dem Druck einer Gruppe von Gleichaltrigen oder Gleichgesinnten (*Peer-group*) zu widersetzen. Eine lange Reihe an Experimenten, die mit Studierenden in ihren ersten Wochen an der Universität durchgeführt wurden, zeigt, dass das Schreiben über vergangene traumatische Ereignisse für die

Dauer von zweimal jeweils 15 Minuten sowie einige Zeit nach dem tatsächlichen Ereignis mit einer besseren geistigen und körperlichen Gesundheit und auch mit besseren Notendurchschnitten drei Jahre später in Zusammenhang steht. Dieses Ergebnis zeigt sich auch dann, wenn niemand jemals das Geschriebene gelesen noch mit den Studierenden persönlich über die jeweiligen Ereignisse gesprochen hat. Warum ist das der Fall? Die Forschung bleibt bei der Klärung dieser Frage am Ball.

Kommen wir auf die Halluzinationen zurück, die am Anfang dieses Kapitels erwähnt wurden: Studien kognitiver Neurowissenschaftler legen nahe, dass diese durch eine Störung der Wahrnehmungsprozesse entstehen, die in die Fähigkeit eingreift, Überlegungen in Bezug auf Erfahrungen und in Bezug auf Überzeugungen voneinander zu trennen. Halluzinationen könnten auftreten, wenn fehlerabhängiges Aktualisieren der Schlussfolgerungen und Überzeugungen über die Welt nicht länger so funktioniert, wie es sollte (unter Verwendung der Bayes'schen Inferenz, wie auf S. 33 f. beschrieben). Die Einzelheiten solcher Hypothesen sind zu komplex, um sie hier vollständig darlegen zu können. Der Punkt ist, dass die Erforschung der Variablen, die für solche Effekte verantwortlich sind, dazu beiträgt, besser zu verstehen, was passiert ist, wenn etwas schiefläuft, und potentiell auch bei der Entwicklung neuer Behandlungsmethoden mitwirkt. Zukünftige Entwicklungen in der Klinischen Psychologie – seien sie nun darauf ausgerichtet, die Therapiemethoden zu verbessern oder die Entstehung von Problemen zu verhindern – werden daher nie isoliert stattfinden. Ihre Anwendung wird sowohl strikten wissenschaftlichen als auch ethischen Normen gehorchen müssen.

9
Wie beeinflussen wir einander? Sozialpsychologie

Soziale Interaktion spielt eine zentrale Rolle in der menschlichen Evolution, in der Fortentwicklung und dem täglichen sozialen Leben. Deswegen gibt es zahlreiche Forschungsbereiche der sozialen Psychologie wie Gruppendynamiken, Intervention von Zuschauern, Verhaltensweisen von Menschenmassen, darüber, wie Eindrücke gebildet werden, die Psychologie des Betrügens und Hintergehens sowie soziales Verhalten. Das Textbuch von Hogg und Vaughan (5. Auflage, 2007) bietet hier eine gute Quelle. Es ist klar, dass wir irgendwie ein »soziales Gehirn« haben müssen, doch die beteiligten Mechanismen im Verstehen der mentalen Zustände anderer (deren Gefühle, Gedanken, Absichten und Handlungen) sind noch nicht gänzlich erfasst. Kognitive Neurowissenschaftler, die in dem relativ jungen Feld der sozialen Neurowissenschaft soziale Interaktion untersuchen, sind noch in der Entwicklung von Forschungsmodellen, die eine Analyse der Hirnaktivität während des gegenseitigen Wechselspiels zwischen Menschen erlauben. Es wird vermutet, dass die Berechnungen im Gehirn, die während sozialer Interaktionen stattfinden, jenen ähneln, die bei elementaren kognitiven und emotionalen Prozessen ausgeführt werden, und dass diese in einer der sozialen Interaktion eigentümlichen Weise kombiniert werden.

Untersuchungen bringen faszinierende Ergebnisse hervor. Es wurden zum Beispiel Zellen in Affen und Vögeln beobachtet, die sowohl dann abfeuern, wenn das Tier handelt, als auch dann, wenn das Tier ein anderes Tier bei derselben Handlung beobachtet. Gehirnaktivität, die mit diesem Befund übereinstimmt, wurde bei Menschen beobachtet. Diese könnten Teil eines »Spiegelneuronensystems« sein, das auf das Verständnis des Verhaltens anderer spezialisiert ist: Aktivitäten in diesen Zellen könnten uns dabei helfen, uns auf die Emotionen anderer einzulassen, und uns ermöglichen, deren Absichten zu erfassen. Auch die Nachahmung einer Handlung – wie Neugeborene es schon tun, wenn ein Erwachsener die Zunge herausstreckt – lässt die Möglichkeit zu, eine Spiegelung der Gefühle, Absichten und Empfindungen einer anderen Person zu erleben.

Bevor solch eine Forschung möglich wurde, wurden soziales Verhalten und die verschiedenen Wege, wie wir einander beeinflussen, auf einer deutlich anderen Ebene angegangen, indem indirekte Einflüsse wie direkte untersucht wurden. Menschen tun dann, wenn sie allein sind, Dinge, von denen sie niemals zu träumen wagen würden, sie auch in der Öffentlichkeit zu tun. Oder sie verhalten sich in Gegenwart von Freunden ganz anders als bei Kollegen. Diese Auswirkung der Anwesenheit anderer auf das menschliche Verhalten wird als *»Social Facilitation«* oder *soziale Aktivierung* bezeichnet. Ein offensichtlicher Ausdruck der sozialen Aktivierung ist der Wettbewerb: Menschen leisten im Allgemeinen mehr, wenn sie glauben, mit anderen zu konkurrieren – selbst wenn es dabei um nichts geht. Anscheinend ist dabei nicht die Wettbewerbsatmosphäre, sondern die bloße Anwesenheit anderer ausschlaggebender Faktor. Selbst wenn die Menschen aufgefordert werden, nicht in Konkurrenz zueinander zu treten, arbeiten sie dennoch schneller, wenn sie andere arbeiten sehen (der *Interaktions-*

effekt) oder wenn sie von anderen beobachtet werden (der *Publikumseffekt*).

Experimente haben aufgezeigt, dass soziale Aktivierung schon dadurch hervorgerufen werden kann, dass man den betroffenen Leuten sagt, dass andere anderswo dieselbe Aufgabe durchführen. Aus diesem Grunde könnte Ihre Motivation ansteigen, zu lernen, wenn Sie hören, dass eine Kommilitonin schon eifrig büffelt. Man hat soziale Aktivierung sogar bei Tieren nachgewiesen – selbst Kakerlaken rennen schneller, wenn sie von ihren Artgenossen beobachtet werden!

Direktere Formen des sozialen Einflusses sind damit verknüpft, das Verhalten anderer zu verändern. Dies passiert, wenn jemand versucht, die Gruppe als Ganzes zu beeinflussen, wenn es also um *Führungskraft* geht, oder wenn mehrere Gruppenmitglieder andere ermutigen, eine bestimmte Einstellung zu übernehmen, und so auf *Konformismus* abzielen, oder dann, wenn eine Autoritätsperson versucht, sich der Befolgung ihrer Befehle zu vergewissern, und so *Gehorsam* verlangt, oder wenn die Einstellungen einer Gruppe das Verhalten gegenüber einer anderen Gruppe beeinflussen, *Vorurteile* also eine Rolle spielen. Das Kapitel konzentriert sich im Folgenden auf diese vier Aspekte.

Die geborene Führungspersönlichkeit?

Ursprünglich dachte man, dass Führungskraft eine Eigenschaft sei, die manche Menschen besitzen, andere aber nicht. In diesem Sinne ist die Bezeichnung »die geborene Führungspersönlichkeit« zu verstehen. Von einer Reihe von Attributen wie Größe, Gewicht, Intelligenz, Selbstvertrauen und Charisma meinte man, sie stünden in engem Zusammenhang mit Führungskraft, auch wenn keine dieser Eigenschaften grundsätzlich Führungspersönlichkeiten von solchen ohne Führungseigenschaften unterscheiden. Selbst die Intelligenz der typischen Führungspersönlichkeit ist nur geringfügig höher als die des durchschnittlichen Gruppenmitglieds, und es fallen einem auch Führungspersönlichkeiten ein, die nicht besonders charismatisch sind. Deshalb haben Psychologen andere Möglichkeiten erforscht.

Erstens hat sich gezeigt, dass der Führungsstil das Verhalten und die Produktivität von Gruppenmitgliedern beeinflusst. Ein auf Teilnahme aller ausgerichteter, partizipativer Stil, der versucht, alle in den Entscheidungsprozess einzubinden, fördert im Allgemeinen die Produktivität durch gute Beziehungen zwischen den Gruppenmitgliedern. Ein eher autoritärer, leitender Stil räumt Gruppenmitgliedern bei Entscheidungen nur wenig Mitspracherecht ein und fördert genauso die Produktivität (vorausgesetzt, die Führungspersönlichkeit ist anwesend). Er führt oft jedoch zu weniger guten Beziehungen und weniger Zusammenarbeit. Laissez-faire-Führung, die die Gruppe sich selbst überlässt, führt zu geringerer Produktivität. Die Ergebnisse dieser Studien haben die Entwicklung von Managementstrategien beeinflusst, die dazu anregen, dass man sich weg von autoritären Modellen und hin zu egalitäreren Verfahren bewegt, bei denen die Angestellten die Führung des Betriebes mitbestimmen dürfen.

Forschungen zu den speziellen Aspekten der jeweiligen Situation, in denen Führungskraft entsteht, sind zu dem

Schluss gekommen, dass Führungskraft in erster Linie von den Funktionen bestimmt wird, die eine Führungspersönlichkeit für die Gruppe erfüllen muss, und dies lässt sich konkret nachweisen. Ein eher leitender, direktiver, aufgabenorientierter Führungsstil führt zum Beispiel eher zu guten Resultaten, wenn die Bedingungen extremer sind (günstig oder ungünstig). Dies mag in Ländern, die gerade extrem schwere Zeiten durchmachen, die Häufigkeit von Diktatoren als Führern erklären (wie zum Beispiel Hitlers Aufstieg während der 1930er Jahre).

Um mehr über den situationsbezogenen Einfluss auf die Führungskraft herauszufinden, untersuchten Psychologen, welche Auswirkungen es hat, wenn jemandem eine zentrale Stellung willkürlich übertragen wird. Experimente haben gezeigt, dass dann, wenn Gruppenmitglieder gezwungen sind, über eine zentrale Person miteinander zu kommunizieren, diese Person immer mehr zur Führungspersönlichkeit wird: Sie sendet mehr Botschaften aus, löst Probleme schneller, macht weniger Fehler und wird zufriedener in Bezug auf die gemachten Anstrengungen sein. Die meisten Menschen, denen Führungspositionen übertragen werden, nehmen die Herausforderung an, verhalten sich wie Führungspersönlichkeiten und werden von den anderen als solche anerkannt. Dies mag erklären, warum Menschen, die keine geborenen Führungskräfte zu sein scheinen, sich dennoch der Lage gewachsen zeigen: »Einige werden hoch geboren, einige erwerben Hoheit, und einigen wird sie zugeworfen« (William Shakespeare, *Was ihr wollt*, II,5).

Konformismus

Ein genaues Verständnis davon, was Führungskraft bedeutet, hilft dabei, die Wirkung eines bestimmten Individuums auf eine Gruppe zu verstehen. Die Effekte einer Gruppe auf ein Individuum sind im Vergleich ebenfalls von Interesse. Es ist Ihnen vielleicht schon aufgefallen, dass der Letzte in einer Gruppe dann, wenn alle vor ihm schon dieselbe Antwort auf eine Frage gegeben haben, nur selten von dieser abweicht – eine Juryentscheidung ohne Mehrheit kommt daher fast nie vor. *Konformismus* ist die Anpassung von Meinungen, Überzeugungen und Verhaltensweisen an (vermeintliche) Gruppennormen. Konformismus wird oft mit Jugendkultur assoziiert (beispielsweise sich einem bestimmten Frisur- oder Kleidungsstil anzupassen), betrifft jedoch tatsächlich alle Altersgruppen. Es hat naheliegende Vorteile für eine Gesellschaft, wenn Gruppennormen befolgt werden (beispielsweise verletzlichen Menschen oder Kindern zu helfen oder in der Schlange zu warten). Frühe Untersuchungen des menschlichen Wunsches, mit der Meinung der Mehrheit übereinzustimmen, ergaben, dass mit der Zeit die Meinungen eines Individuums dazu neigten, sich der mehrheitlichen Auffassung anzuschließen, insbesondere in unklaren Situationen. Es wurde der Schluss gezogen, dass dies widerspiegelt, wie sich soziale Normen entwickeln, um einen gemeinsamen Referenzrahmen zu bieten.

Solomon Asch setzte diese Arbeit fort, indem er etwa Menschen dazu aufforderte, eine von drei Linien zu wählen, die dieselbe Länge wie ein vorgegebenes Beispiel hat (siehe Abb. 17). Alle Teilnehmenden außer einem waren »Hand-

(a)

(b)

(c)

Abb. 17: Widerstand gegen die mehrheitliche Meinung

(a) Alle Gruppenmitglieder außer dem sechsten Mann von links wurden vor dem Experiment instruiert, bei 12 von 18 Versuchen einstimmig die falsche Antwort zu geben. Nr. 6, der denkt, er nimmt an einem Experiment über visuelle Urteilskraft teil, fühlt sich also einsam und allein, wenn er die korrekte Antwort gibt.

(b) Die Versuchsperson, der man die Belastung durch das wiederholte Abweichen von der Mehrheit ansieht, lehnt sich angespannt vor, um die zwei Spielkarten anzusehen.

(c) Diese Versuchsperson verhält sich insofern ungewöhnlich, als sie auf ihrer Meinung besteht und sagt, »er müsse die Karten so benennen, wie er sie sehe«.

langer« (denen aufgetragen wurde, einheitlich dieselbe falsche Antwort in 12 von 18 Versuchsrunden zu geben). Die Resultate zeigten, dass die meisten sich zumindest für einige Zeit anpassten und Menschen durchschnittlich ein Drittel der Zeit mit der falschen Antwort übereinstimmten. Anschließende Experimente ergaben, dass der Grad des Konformismus von der Uneindeutigkeit der Aufgabenstellung (ist die richtige Antwort weniger offensichtlich, dann nimmt der Konformismus zu) und der Einhelligkeit der Gruppe beeinflusst wird. Die abweichende Meinung von bereits nur einer einzigen Person beeinträchtigt die Konformität.

Es gibt verschiedene Stufen des Konformismus. In Aschs Experimenten stellte sich heraus, dass einige Individuen, die sich anpassten, sich durchaus bewusst waren, dass sie die falsche Antwort gaben, aber bei ihren Antworten blieben, weil sie diesen nicht widersprechen wollten oder fürchteten, soziale Missbilligung zu erfahren oder das Experiment über den Haufen zu werfen. Diese Ebene des Konformismus wird auch *Compliance* genannt und bezeichnet den Umstand, dass man sich selbst dann der Meinung der Mehrheit anschließt, wenn man nicht wirklich von dieser überzeugt ist. Die Tatsache, dass Menschen sich seltener nach dem Toilettengang die Hände waschen, wenn sie sich unbeobachtet fühlen, deutet darauf hin, dass Menschen sich manchmal einfach fügen, anstatt den entsprechenden Wert zu verinnerlichen. Im Gegensatz dazu schließen tiefergehende Ebenen des Konformismus, die auch *Identifikation* oder *Internalisierung* genannt werden, mit ein, dass die Meinungen eines anderen (etwa einer prominenten Person) oder einer Gruppe (wie einer Schule oder eines Managementteams) angenommen werden. Dies geschieht dann am leichtesten, wenn die Quelle als kompetent wahrgenommen wird – oder zumindest als glaubwürdig – und andererseits die Aufgabe kompliziert und ihre Erledigung besonders dringlich ist: In einer Notfallsituation oder Krise werden wir das machen, was die Ärztin uns sagt. Tatsächlich variieren die Ebenen des Konformismus in Abhängigkeit vieler Faktoren, darunter Geschlecht, Kultur oder situationsbezogene Faktoren, etwa, ob wir beobachtet werden, der Schwierigkeitsgrad der Aufgabe, als wie wichtig wir es einschätzen, dass sie exakt und wahrheitsgetreu gelöst wird, wie gut wir die anderen Mitglieder der Gruppe kennen und wie sehr wir ihre Meinungen wertschätzen.

Gehorsam

Das Befolgen von Anordnungen einer Autoritätsperson wird *Gehorsam* genannt. Wissenschaftliche Untersuchungen des Gehorsams wurden ursprünglich durch Kriegsgräueltaten wie den Holocaust oder das Abschlachten vietnamesischer Zivilisten in My Lai angestoßen. Nach diesen Kriegen wurde offensichtlich, dass viele Soldaten, die normale, anständige Männer zu sein schienen, grauenvolle, illegale Dinge getan hatten. Wenn sie gefragt wurden, warum sie diese Dinge getan hatten, verteidigten sie sich gewöhnlich mit: »Ich folgte nur den Anweisungen.« Psychologen begannen, Gehorsam zu untersuchen, und beobachteten, wie weit der Durchschnittsmensch in seinem Tun geht, nur weil ihm etwas zu tun befohlen wird. Kasten 9.1 und

Abb. 18 beschreiben ein Experiment, das Gehorsam bei ganz normalen Bürgern untersucht.

Kasten 9.1 Extremer Gehorsam

Bürgerinnen und Bürger wurden rekrutiert, an einer »Gedächtnisstudie« teilzunehmen. Den Versuchspersonen wurde gesagt, dass sie die Rolle des »Lehrers« übernehmen und einem »Lernenden« eine Reihe von Wortpaaren beibringen sollten. Die Lehrer wurden angewiesen, bei jedem Fehler einen Hebel zu drücken, um dem Schüler einen elektrischen Schlag zu versetzen. Die Lehrer sahen, wie der Schüler in einem elektrischen Stuhl festgeschnallt und an seinem Handgelenk eine Elektrode angebracht wurde. Sie wurden von der Authentizität des Generators überzeugt, indem sie zur Probe einen Schlag von 45 Volt erhielten. Dann wurde den Lehrern, die vor dem Generator mit 30 Schaltern saßen, die von »15 Volt – geringer Stromschlag« bis »450 Volt – kritischer Stromschlag« reichten, gesagt, sie sollten bei jedem Fehler den Schalter mit der nächsthöheren Voltzahl drücken. Der Versuchsleiter blieb die ganze Zeit im Raum. Der Lernende war in Wirklichkeit ein Schauspieler, der gar keine Schläge erhielt, aber so reagierte, als ob er sie erhalten würde. Er war angewiesen worden, Fehler zu machen. Je stärker die elektrischen Schläge wurden, desto mehr brüllte und fluchte der Schauspieler. Bei dem Schalter »kritischer Stromschlag« schwieg er und beantwortete keine Fragen mehr. Natürlich protestierten viele der Versuchspersonen und baten, das Experiment abzubrechen. Der Versuchsleiter wies sie aber an, weiterzumachen. Erstaunliche 65 % der Versuchspersonen machten bis zur höchsten Stufe der Schläge (450 Volt) weiter. Niemand brach vor 300 Volt ab (als der Schauspieler begann, gegen die Wand zu treten). Die Ergebnisse dieses Experiments zeigen, dass ganz gewöhnliche Menschen äußerst weit gehen würden, wenn es ihnen von einer Autoritätsperson befohlen wird.

Die Anwesenheit des Versuchsleiters erhöhte den Gehorsam: Wenn die Anweisungen über Telefon erfolgten, sank die Gehorsamsrate von 65 auf 21 %. Darüber hinaus mogelten mehrere Versuchspersonen, indem sie schwächere Schocks verabreichten.

Milgram 1974

Viele Aspekte der Zivilisation, etwa im juristischen, militärischen und schulischen Bereich, vertrauen darauf, dass Menschen den Anweisungen von Autoritätspersonen Folge leisten. Es wird sogar vermutet, dass Gehorsam gegenüber Autoritäten für das Gemeinschaftsleben unverzichtbar ist und im Zuge der Evolution in unser Erbgut eingebaut worden sein könnte. Doch auch psychische Faktoren spielen eine Rolle. Konventionen der Höflichkeit könnten es zum Beispiel für die Versuchspersonen in Milgrams Experimenten erschwert haben, sich zu weigern, weiterzumachen, nachdem sie einmal angefangen hatten. Oder die Weigerung, weiterzumachen, hätte bedeutet, zuzugeben, dass das, was sie bereits getan hatten, falsch war, oder darauf hingedeutet, dass sie den Versuchsleiter missbilligten. Das macht es auch einfacher, zu verstehen, warum im Krieg so

Abb. 18: Das Milgram-Experiment über Gehorsam
Oben links: Der »Schockgenerator«
Oben rechts: Das Opfer wird im »elektrischen Stuhl« festgeschnallt.
Unten links: Eine Versuchsperson erhält vor Beginn der »Lehrsitzung« einen Probeschlag.
Unten rechts: Anders als die meisten weigert sich diese Versuchsperson, mit dem Experiment fortzufahren.

wenige Menschen den Gehorsam verweigern – weil die Bestrafung für Ungehorsam schlimmer ist. Zwei weitere Faktoren, die ebenfalls relevant für den Gehorsam in Kriegszeiten sind, kamen bei diesen Experimenten zum Tragen. Erstens sind die Menschen eher bereit, Schmerz zuzufügen, wenn sie sich von dem Opfer räumlich distanzieren können. Wenn der »Lehrer« die Hand des »Schülers« selbst auf die Metallplatte hinunterdrücken musste, lag die Gehorsamsrate niedriger als in dem Fall, wenn es nicht erforderlich war, den »Schüler« weder zu sehen noch zu berühren. Parallelen zeigen sich in modernen Waffen, die per Knopfdruck auf den unsichtbaren Feind abgefeuert werden können und unsichtbares Leiden zufügen. Ja, es ist von der Psyche her gesehen einfacher, durch eine Atomrakete Millionen umzubringen, als einen einzigen direkt uns gegenüberstehenden Menschen zu töten. Zweitens verstärkt die Überzeugung, dass hinter der Gewalt ein höherer Zweck steht, den Gehorsam – die ideologische *Rechtfertigung* – sowohl im Labor als auch in einem Kriegsgebiet. Bei den Experimenten waren die Versuchspersonen davon überzeugt, dass sie zur wissenschaftlichen Forschung beitrugen. Als das Experiment ohne die ausdrücklich genannte Verbindung zu einer angesehenen Universität wiederholt wurde, sank die Gehorsamsrate.

Vorurteile

Die Sozialpsychologie befasst sich auch mit der Interaktion zwischen Gruppen. Psychologen kamen zu dem Schluss, dass die Aufteilung von Menschen in ethnische Gruppen und die Stereotypisierung von Verhaltensweisen hinsichtlich einer Gruppenzugehörigkeit evolutionäre Vorteile gehabt haben könnte. In der Tat zeigten Studien mit bildgebenden Verfahren eine höhere Aktivierung der Amygdala in der Reaktion weißer Menschen auf Gesichter schwarzer Menschen. Dies stand in Wechselbeziehung zu vorurteilsbehafteten Einstellungen, allerdings nur bei unbekannten Gesichtern von Schwarzen, nicht bei vertrauten. Eine Hypothese zu diesem Befund lautet, dass die Stereotypisierung nach ethnischer Zugehörigkeit ursprünglich eine primitive Methode der Erkennung von Bedrohung gewesen sein könnte. Kasten 9.2 beschreibt eines der vielen Experimente, die untersuchten, wie die Zugehörigkeit zu einer bestimmten Gruppe das Verhalten ändern kann.

Trotz seiner Künstlichkeit zeigt dieses Experiment Parallelen zur Bedeutung von Vorurteilen in der realen Welt. Vorurteile sind relativ konstante (gewöhnlich negative) Einstellungen gegenüber einer Gruppe (der *outgroup* bzw. *Fremdgruppe*) und werden auf alle Mitglieder dieser Gruppe übertragen. Vorurteile gehen oft mit der Anwendung von Stereotypen einher, das heißt, die Verwendung von Stereotypen zeigt unsere Neigung, Menschen nach schnell erkennbaren Merkmalen wie Alter, ethnischer Zugehörigkeit, Geschlecht oder Beruf gegeneinander abzugrenzen und dem einzelnen Menschen dann Eigenschaften zuzuordnen, die angeblich für alle Mitglieder dieser Gruppe typisch sind. Jemand, der zum Beispiel Frauen gegenüber voreingenommen ist, glaubt vielleicht, dass Frauen dumm und schwach sind, und wird diese Überzeugung auf jede Frau übertragen, der er begegnet. Während die bei Vorurteilen mitspielenden Stereotype ein Körnchen Wahrheit enthalten können (durchschnittlich sind Frauen körperlich schwächer als Männer), sind sie doch oft zu verallgemeinernd (manche Frauen sind stärker als manche Männer), zu starr (nicht alle Frauen sind schwach oder dumm) oder schlicht und einfach falsch (es gibt kaum Nachweise dafür, dass Frauen weniger intelligent sind als Männer).

Vorurteile sind ein globales Phänomen und situative Einflüsse tragen ganz klar zu ihrer Entwicklung bei. Das

Kasten 9.2 Sind blaue Augen besser als braune?

Achtjährige Kinder wurden von ihrer Lehrerin (Jane Elliot) dazu eingeladen, an einer Übung teilzunehmen, die ihnen dabei helfen würde, Rassismus besser zu verstehen. Sie erklärte ihren Schülern, dass Schüler mit braunen Augen intelligenter und »bessere« Menschen seien als diejenigen mit blauen Augen. Dann gab sie den »Braunen« besondere Privilegien, wie zum Beispiel Nachschlag beim Mittagessen und mehr Spielzeit, und machte die »Blauen« schlecht, indem sie sie als weniger intelligent, schmutzig, durchtrieben und faul bezeichnete. Die »Blauen« mussten auch einen speziellen Kragen tragen, um leichter erkennbar zu sein. Das Verhalten beider Gruppen veränderte sich: Die blauäugigen Kinder zeigten Zeichen von niedrigerem Selbstwertgefühl und gedrückter Stimmung. Ihr schulisches Leistungsniveau sank ab, während die braunäugigen Kinder kritisch gegenüber ihren »Unterlegenen« wurden und sie unterdrückten. Als die Lehrerin nach ein paar Tagen erklärte, dass sie einen Fehler gemacht habe und die blauäugigen Kinder die besseren seien, drehten sich die Verhaltensmuster schnell um (wenn auch zu einem schwächeren Grad). Natürlich wurden den Kindern anschließend die Beweggründe für diese Studie erklärt. [Anm. d. Ü.: Vermutlich trugen die Kinder Schäden davon.]

Aronson/Osherow 1980

Experiment bezüglich der blauen und braunen Augen zeigt, dass sich Vorurteile einfach dadurch bilden lassen, dass einer von zwei Gruppen Privilegien zugestanden werden. Andere Studien zeigen, dass selbst eine willkürliche Zuteilung von Personen zu einer Gruppe dazu führt, dass die eigene Gruppe (die *ingroup* oder *Eigengruppe*) bevorzugt wird und die Mitglieder der Fremdgruppe diskriminiert werden. Eine weitere Annahme lautet, dass Vorurteile sich dann entwickeln, wenn Gruppen sich als Konkurrenten um dieselben limitierten Ressourcen verstehen. Dies wurde in dem Sommercamp »Räuberhöhle« in einem Feldexperiment getestet (siehe Kasten 9.3).

Kasten 9.3 Das Räuberhöhlenexperiment

Zweiundzwanzig 11- bis 12-jährige Jungen nahmen an dieser Studie über kooperatives Verhalten in einem Sommerlager mit Namen »Robbers' Cave« (Räuberhöhle) teil.

Phase 1: Die Jungen wurden in zwei Gruppen eingeteilt, ohne dass eine der Gruppen von der Existenz der anderen Gruppe wusste. Beide Gruppen wählten einen Namen und legten sich durch die Kooperation bei Aufgaben und das Tragen gleicher Mützen und T-Shirts, die den Gruppennamen zeigten, eine Gruppenidentität zu. Jede Gruppe entwickelte Normen für das Gruppenverhalten, etwa nackt zu schwimmen oder nicht über Heimweh zu reden.

Phase 2: Indem man die Gruppen voneinander Notiz nehmen ließ und sie in einen Wettstreit gegeneinander setzte (man ließ sie in einem großen Turnier um Preise kämpfen), wurde Spannung erzeugt. Schnell kam es zu Konflikten, die mit negativen Einstellungen (Vorurteilen) zueinander, Streitigkeiten zwischen den Gruppen sowie Diebstahl oder Beschädigung des gegnerischen Eigentums einhergingen.

Phase 3: Kooperative Aktivitäten wurden eingeführt, um die Konflikte einzuschränken. Doch der Kontakt mit gleichem Status (»equal status contact«) allein war nicht ausreichend. Es war weitaus wirksamer, gemeinsame Ziele zu finden, die nur durch die Zusammenarbeit beider Gruppen erreicht werden konnten, wie zum Beispiel Geld zusammenzulegen, um einen Film auszuleihen, oder durch gemeinsames Ziehen einen festsitzenden Minibus zu befreien. Dadurch wurden Vorurteile erfolgreich beseitigt, und die Forscher zogen den Schluss, dass bloßer Kontakt ohne übergeordnete Ziele, die eine gemeinschaftliche, kooperative Handlung fördern, nicht ausreichend ist.

Sherif/Harvey/White/Hood/Sherif 1961

Die Theorie des Gruppenkonflikts bietet eine Erklärung für negative Einstellungen gegenüber ethnischer Integration und der Bemühung, Diversität zu fördern: Die Mehrheitsgruppe nimmt die Minderheitengruppe(n) als Konkurrenz hinsichtlich Ressourcen, Macht und Prestige wahr. Die Theorie hilft außerdem, Diskriminierungsmuster zu erklären. Interkulturelle Studien zeigen zum Beispiel, dass die Eskalation von Gewalt zwischen Gruppen in Verbindung mit Ressourcenknappheit steht. Gruppen könnten dann versuchen, den Ursprung der Konkurrenz zu beseitigen, indem sie die Möglichkeiten der Fremdgruppe limitieren (aktive Diskriminierung) oder indem sie die Nähe zur Fremdgruppe verringern (indem Immigration verweigert wird).

Doch neben situationsbezogenen beeinflussen auch weitere Faktoren die Entwicklung von Vorurteilen. Persönlichkeitsmerkmale, wie weniger anpassungsfähig und eher autoritär zu sein, werden mit Vorurteilen verbunden. Dies könnte erklären, warum zwei Menschen, die ähnliche Dinge erlebt haben, unterschiedlich intensive Vorurteile haben können, und warum diejenigen, die ein bestimmtes Vorurteil zeigen, mit höherer Wahrscheinlichkeit auch weitere Vorurteile haben. Vorurteile können sich auch aus dem allgemeinen Bedürfnis heraus entwickeln, sich selbst in positiverem Licht zu sehen: Menschen sehen alle Gruppen, denen sie selbst angehören, in besserem Licht als andere Gruppen und entwickeln dann positive Vorurteile gegenüber ihrer eigenen Gruppe und negative Vorurteile gegenüber anderen. Dieser Effekt wird als *Ethnozentrik* oder *Ethnozentrismus* bezeichnet. Vorurteile können auch in Form der Suche nach einem *Sündenbock* auftreten, bei der Aggressionen auf einen Sündenbock projiziert werden (gewöhnlich wird dieser als ein legitimiertes Opfer gesehen), weil es nicht möglich ist, die Aggressionen gegen das eigentliche Ziel zu richten – das eventuell zu gefährlich oder unerreichbar ist.

Früher wurde davon ausgegangen, vermehrter Kontakt zwischen den Gruppen und weniger Absonderung würden dabei helfen, Vorurteile zu reduzieren. Der Mangel an direktem Kontakt mit einer anderen Gruppe führt zu *autisti-*

scher Feindseligkeit (Unwissenheit über andere), in der die Gründe für das Handeln anderer nicht verstanden werden und keine Gelegenheit dazu gegeben ist, herauszufinden, ob die negative Interpretation ihres Verhaltens korrekt ist. Zwischen gegnerischen Gruppen ist Kontakt nötig, bevor sich Vorurteile abbauen lassen – vorausgesetzt, der Kontakt verstärkt keine Stereotype und Ungleichheiten, wie zum Beispiel, wenn Männer als Geschäftsleiter Frauen als Sekretärinnen oder Putzfrauen beschäftigen. Deshalb sollte sich der Kontakt zur Reduzierung von Vorurteilen auf Gleichheit gründen (*equal status contact*), weil Ungleichheit und Konkurrenzkampf um knappe Ressourcen die Entstehung von Vorurteilen begünstigen. Er sollte nicht auf Konkurrenzdenken gründen, sondern das Streben nach gemeinsamen Zielen fördern. Untersuchungen, die Konflikte zwischen Gruppen in vielen Ländern erforschen (z. B. Nordirland, Südamerika), zeigen, dass der Kontakt dann am besten funktioniert, wenn die Gruppenzugehörigkeit eindeutig bleibt und positive Beispiele der Fremdgruppen nicht damit wegerklärt werden können, dass sie »zufällig« die Stereotype widerlegen (»Ausnahmen bestätigen die Regel«). Darüber hinaus hilft ein Kontakt, der Freundschaften, Selbstoffenbarung und den Austausch persönlicher Information erleichtert. Es hilft sogar dabei, Vorurteile abzubauen, Freunde von Freunden aus der Fremdgruppe zu haben.

Die Prozesse, die an sozialer Aktivierung, Führungskraft, Konformismus, Gehorsam und Vorurteilen beteiligt sind, zeigen, dass unsere Gedanken, Gefühle und Verhaltensweisen von anderen beeinflusst werden. Auch wenn wir erst beginnen, die Details dessen, was im Gehirn vor sich geht, zu enträtseln, zeigen jüngste Arbeiten in der Sozialpsychologie, dass unser soziales Verhalten ständig von der automatischen Reaktion auf und von der Interpretation von unserer Umgebung beeinflusst wird. Wenn man zum Beispiel Wörtern ausgesetzt ist, die mit Feindseligkeit zu tun haben, und sei es auch nur so kurz, dass es außerhalb des bewussten Wahrnehmens geschieht, führt dies zu negativeren Einstellungen.

Die praktischen Anwendungen der theoretischen Forschung in der Sozialpsychologie sind weitreichend. Untersuchungen in Bezug auf soziale Aktivierung und Führungskraft zeigen, dass sich die Arbeitsbedingungen auf die Produktivität und Zufriedenheit der Arbeiter auswirken. Studien zu Gehorsam und Konformismus zeigen, dass wir viel leichter durch den Druck, der von anderen ausgeht, beeinflusst werden, als uns klar ist. Die Ergebnisse helfen uns zu verstehen, warum wir dieser Art von Druck nachgeben. Ein besseres Verständnis der zu Gehorsam und Konformismus beitragenden Faktoren hat sowohl in Situationen geholfen, in denen Konformität und Gehorsam erwünscht sind – wie zum Beispiel im Militär –, als auch in Situationen, in denen es wichtig ist, dass die Menschen ihre eigene Meinung nicht verleugnen. Die Forschung legt zum Beispiel nahe, dass vor Gericht sechs oder sieben Geschworene effektiver als zwölf Geschworene sein könnten, weil kleinere Gruppen seltener Druck zu konformem Verhalten ausüben und weil größere Gruppen dazu neigen, von einigen wenigen starken Persönlichkeiten dominiert zu werden. Die psychologische Untersuchung von Vorurteilen hat die Entwicklung wirkungsvollerer Programme zur Reduzierung von Vorurteilen und Konflikten zwischen Gruppen ermöglicht.

Es gibt viele interessante Bereiche der Sozialpsychologie, die wir hier nicht behandeln konnten, wie der Bereich der Gruppendynamik, der Intervention von Zuschauern, der Verhaltensweisen von Menschenmassen oder der Bildung von Eindrücken, der Psychologie des Betrügens und Hintergehens, der zwischenmenschlichen Anziehung sowie der Psychologie des sozialen Netzwerkens und Internetverhaltens. Sowohl dissoziales Verhalten, wie Cyber-Mobbing, Randale, Terrorismus und Rowdytum, als auch soziales Verhalten, wie Altruismus, sind von Interesse. Die größten Herausforderungen der Zukunft werden darin bestehen, mehr über die vielen Faktoren herauszufinden, die helfen, beide Arten von Verhalten vorauszusagen, zu kontrollieren und abzuändern und mehr über die kognitiv-neurologischen Hintergründe des Sozialverhaltens zu entdecken.

10
Wozu dient Psychologie?

Die Psychologie ist nicht nur eine akademische Disziplin, sondern hat auch praktischen Nutzen. Die wissenschaftliche Forschung hilft uns, das, was im Bewusstsein vorgeht, zu verstehen, zu erklären, vorauszusagen oder abzuändern: das Kontrollzentrum für Kognition, Gefühle und Verhaltensweisen (also für das, was wir denken, fühlen und tun). Sie trägt außerdem dazu bei, theoretische Modelle und Hypothesen zu entwickeln, um diese in ihrem Fachgebiet zu testen und Forschungen anzuregen, so dass sich die Entwicklungen in Wissenschaft und Praxis gegenseitig beeinflussen können. Dies ist dann besonders ergiebig, wenn die Kommunikation zwischen beiden Bereichen gut ist. Kahnemans Arbeit (Kapitel 4) liefert ein gutes Beispiel. Experimentelle Studien zu den Prozessen, die am Denken und Argumentieren beteiligt sind, zeigten die Verzerrungen auf, die unsere Urteile beeinflussen. Diese Erkenntnisse untermauern das junge Feld der Verhaltensökonomie. Ebenso werden sie in medizinischer Diagnostik, Rechtsurteilen, »Intelligence Analysis«, Philosophie, Finanzwesen, Statistiken und Militärstrategien eingesetzt. Gleichermaßen können die Beobachtungen praktischer Psychologen wissenschaftliches Interesse anregen. Klinischen Psychologen fiel zum Beispiel auf, dass Patienten mit gesundheitsbezogener Angststörung (Hypochondrie) oft viel Zeit damit verbrachten, gesundheitsbezogene Informationen im Internet zu recherchieren. Dies führte zu experimentellen Untersuchungen zu »Cyberchondrie«, die herausfanden, dass die

Internetrecherche in der Tat die Angst um die Gesundheit noch befeuert. Ebenso führten Beobachtungen zu dem Umgang junger Menschen mit den unzähligen Produkten der Informationstechnologie zu der Erforschung ihrer Auswirkungen auf soziale Beziehungen, Sprachgebrauch und das Gehirn – und das ist nur der Anfang. Die Forschung in diesen Bereichen entwickelt sich schnell weiter.

Wo arbeiten Psychologen?

Psychologen interessieren sich für die psychischen Funktionsweisen sowohl des Menschen als auch von Tieren in einer Vielzahl von Situationen. Daher arbeiten sie in zahlreichen verschiedenen Bereichen als praktisch orientierte, professionelle Psychologen. Klinische oder Gesundheitspsychologen arbeiten üblicherweise in Einrichtungen des Gesundheitswesens wie allgemeinen Krankenhäusern, Spezialkliniken, Ärztezentren oder Privatpraxen. Sie liefern und evaluieren Therapien sowie weitere Interventionen bzw. Formen des Eingriffs und nutzen ihre Tätigkeit in der Forschung dazu, neue Verfahren und Methoden zu entwickeln, andere Psychologen auszubilden und zu begleiten sowie allgemein zur Planung, Entwicklung und Verwaltung des Gesundheitswesens beizutragen. Medizinischen Psychologen geht es mehr um die psychischen Aspekte der körperlichen Gesundheit ihrer Patienten. Sie wenden ihr Wissen an, um bei der Behandlung oder Prävention von Krankheiten oder Behinderungen zu helfen. Sie arbeiten zum Beispiel Aufklärungs- und Präventionsprogramme zu AIDS oder gesunder Ernährung aus, indem sie herausfinden, wie man am besten mit Patienten kommuniziert und ihnen dabei hilft, Behandlungspläne einzuhalten. Oder sie unterstützen Patienten dabei, mit chronischen Krankheiten wie Diabetes zu leben.

Psychologen arbeiten auch außerhalb des Gesundheitswesens. Forensische oder gerichtliche Psychologen arbeiten mit Justizvollzugsanstalten, Bewährungshelfern oder der Polizei zusammen. Sie setzen ihre Fertigkeiten ein, um Straftaten aufzuklären, das Verhalten von Straftätern oder Strafverdächtigen vorherzusagen und Straftäter zu rehabilitieren. Schulpsychologen sind auf alle Aspekte der Kinder- und Jugendbildung spezialisiert, wie etwa Lernschwächen festzustellen (zum Beispiel Dyslexie) und Pläne dafür zu entwickeln, Lernen zu optimieren. Umweltpsychologen interessieren sich für die Beziehungen zwischen Menschen und ihrer Umwelt und arbeiten in Bereichen wie der Stadtplanung, der Ergonomie und der Planung von Wohnungen und Häusern mit dem Ziel, die Verbrechensrate niedrig zu halten und die Arbeitsleistung zu maximieren. Sportpsychologen versuchen, Athleten dabei zu helfen, das Beste aus sich herauszuholen. Sie entwickeln Trainingsprogramme und mentale Strategien, um Stress im Wettkampf bewältigen zu können.

Auch viele Geschäftsbereiche setzen Psychologen ein. Arbeits- und Betriebspsychologen decken alle Aspekte des Arbeitslebens ab, z. B. die Auswahl der Arbeitskräfte, ihre Ausbildung, das Betriebsklima, Ergonomie (also Fragen der Anpassung der Arbeitswelt an den Menschen), Managementfragen, berufliche Zufriedenheit, Motivation und die Senkung der Anzahl der auf betrieblichen Schwierigkeiten beruhenden Krankmeldungen. Sie werden häufig von Betrieben eingestellt, um die Zufriedenheit und/oder Leistung der Angestellten zu steigern. Werbepsychologen konzentrieren sich auf Werbung, Kaufverhalten, Marktforschung und die Entwicklung neuer Produkte für sich ständig verändernde Märkte.

Wer Psychologie studiert hat, merkt oft, dass ein Fundament auf diesem Gebiet sowohl im Privat- als auch im Berufsleben häufig hilfreich ist. Es ist sehr vorteilhaft, etwas darüber zu wissen, wie das Bewusstsein funktioniert. Ebenso günstig ist es, zu wissen, wie man entscheiden kann, ob Intuitionen oder vorgefasste Meinungen über die Funktionsweisen des Bewusstseins und Denkens gerechtfertigt sind. Die Untersuchungsergebnisse von Psychologen sowie ihre Methoden, bestimmte Gegebenheiten zu entdecken und zu untersuchen, können nutzbringend in allen möglichen Berufen eingesetzt werden: im Management und Personalwesen, im Kommunikationsbereich, im Marketing, in Lehrberufen, der Sozialarbeit, bei der Polizei, in der Medizin und Krankenpflege, bei Recherchen (zum Beispiel für Fernseh- oder Radioprogramme), politischer Beratung oder Analyse, in Journalismus oder Schriftstellerei, aber auch bei der Erziehung und Pflege von Tieren. Die Disziplin Psychologie lehrt Fertigkeiten, die sich in vielen Bereichen anwenden lassen, da sie in Forschungsmethodologie und statistischer Analyse sowie darin ausbildet, in wissenschaftlich korrekter und kritischer Weise zu denken.

Wege und Abwege der Psychologie

Die Menschen haben oft eine falsche Vorstellung von dem, was Psychologen zu tun vermögen. Viele glauben, dass sie zum Beispiel an der Körpersprache erkennen könnten, was wir denken. Zwar kann man diese Annahmen verstehen, doch sind sie fehlerhaft. Psychologen können, wie wir gesehen haben, Aspekte des Denkens untersuchen, Bekräftigungen verwenden, um Verhaltensweisen zu ändern, eingreifen, wenn Menschen sich in Krisen befinden, und mit einiger Genauigkeit zukünftiges Verhalten voraussagen. Dennoch können sie weder Gedanken lesen noch Menschen gegen ihren Willen manipulieren.

Die Psychologie kann wie jedes andere wissenschaftliche System auch missbraucht werden. Dabei kann es sich um etwas relativ Triviales handeln, zum Beispiel die bewusst oberflächliche Beantwortung schwieriger Fragen. Andere Fälle sind aber alles andere als trivial: zum Beispiel Menschen mit einer bestimmten politischen Meinung als psychisch krank zu behandeln oder mit Hilfe der Erkenntnisse, die Psychologen über die Auswirkungen sensorischer Deprivation gewonnen haben, Foltermethoden zu entwickeln.

Die Tatsache, dass die Psychologie wie jede andere Disziplin missverstanden und missbraucht werden kann, mindert keineswegs ihren Wert. Die Psychologie nimmt jedoch eine Sonderstellung ein, weil es bei ihr um ein Thema geht, bei dem jeder aufgrund individueller Kenntnisse und persönlicher Erfahrung mitreden kann. Zum Beispiel haben Psychologen nach jahrelanger Forschungsarbeit über verschiedene Arten des Unglücklichseins ihr Augenmerk nunmehr auf positivere Gefühle gerichtet und Umfragen zum Eheglück von Frauen durchgeführt. Eine repräsentative Umfrage unter amerikanischen Frauen ergab, dass die Hälfte derer, die fünf oder mehr Jahre verheiratet waren, sagten, dass sie »sehr glücklich« oder »völlig zufrieden« mit ihrer Ehe seien. 10 % berichteten, dass sie während ihrer derzeitigen Ehe fremdgegangen seien. Im Gegensatz dazu behauptete Shere Hite in ihrem Bericht über Frauen und Liebe, dass 70 % der Frauen, die fünf oder mehr Jahre verheiratet waren, fremdgegangen seien, und 95 % sich von den Männern, die sie liebten, emotionell ausgebeutet fühlten. Anders als die Ergebnisse der ersten Umfrage fanden die der zweiten in den Medien ein großes Echo. Shere Hite selbst betonte die Wichtigkeit der Ergebnisse, weil 4500 Frauen auf ihre Umfrage geantwortet hatten. Jedoch antworteten weniger als 5 % der angeschriebenen Frauen (bei über 95 % kennen wir also gar nicht die Ansicht), und es wurden ausschließlich Frauen befragt, die Frauenorganisationen angehörten. Die Umfrageteilnehmerinnen (der kleine Anteil von Frauen, die Frauenorganisationen angehörten und den Fragebogen zurückschickten) waren also keineswegs repräsentativ für die tatsächlich relevante Population von Frauen. Diese Art von Darstellung ist höchst problematisch, denn wir wissen, dass Menschen dazu neigen, Informationen zu akzeptieren, die zu ihren Ahnungen oder Vorurteilen passen, und dass überraschende, neuartige oder alarmierende Informationen sehr regen Anklang finden.

Die Psychologie lässt sich jedoch *nicht* von Ahnungen leiten, und sie beruht auch nicht auf den Meinungen, die der Mann auf der Straße vertritt. Um psychologische Forschungsergebnisse richtig verstehen zu können, muss man wissen, wie man die Wichtigkeit oder den Stellenwert der Information einzuschätzen hat. Psychologen können zu Diskussionen etwa über Ehen und die Zufriedenheit der Ehepartner beitragen, und sie können uns helfen, die Art von Fragen zu stellen, die sich mit Hilfe wissenschaftlicher Methoden beantworten lassen. Nicht: »Sind Ehen glücklich?«, sondern: »Was berichten Frauen, die seit fünf Jahren oder mehr verheiratet sind, über ihre Zufriedenheit in Bezug auf ihre Ehe?« Die wissenschaftliche, methodologische Fundierung der Psychologie bestimmt also, wozu die Psychologie dient. Es ist wichtig, angemessene Befragungsmethoden zu entwickeln, Ergebnisse in nachweisbar objektiver Weise zu veröffentlichen und so anderen Menschen etwas über die Disziplin Psychologie beizubringen.

Wie jede Wissenschaft wird die Psychologie durch die ihr zur Verfügung stehenden wissenschaftlichen Methoden und Techniken bestimmt. Durch die Entwicklung von Verfahren, die die Aktivität des lebendigen menschlichen Gehirns messen – sogenannte bildgebende Verfahren in Bezug auf die Aktivität des Gehirns – konnten Psychologen das Gehirn direkt untersuchen und dadurch Veränderungen in dessen Funktionsweisen mit psychologischen Phänomenen des Denkens, Fühlens und Verhaltens in Zusammenhang bringen. Entwicklungen in der Computertechnologie helfen den Psychologen, durchdachte Zufallsstichproben durchzuführen und zu überprüfen, ob die Stichproben, die sie untersuchen, wirklich die Bevölkerungsgruppe, an der sie interessiert sind, repräsentieren. Zum Beispiel sollten die Rücklaufquoten zwischen wichtigen Untergruppen nicht auseinandergehen (z. B. einen geringeren Rücklauf von älteren Menschen zu liefern, wenn die gesamte Bevölkerung untersucht wird). Eine Stichprobe mit je 50 % weißen und nicht-weißen Menschen wäre für die Bevölkerung Sambias genauso wenig repräsentativ wie für Russland. Statistische Erwägungen sind von höchster Wichtigkeit; sie gehen zum Beispiel davon aus, dass eine Zufallsstichprobe von 1500 Menschen eine einigermaßen präzise Einschätzung der Meinung von 100 Millionen Menschen ergeben könnte – vorausgesetzt, sie ist repräsentativ. Eine Umfrage unter 4500 Menschen macht sie nicht präziser als eine Stichprobe von 1500 Menschen, falls die Zusammensetzung der Befragten in entscheidender Weise von der Bevölkerung, über die die Schlüsse gezogen werden, abweicht. Wieder einmal ist die Psychologie in einer besonders schwierigen Lage, weil einige ihrer Techniken allgemein verfügbar sind. Jeder kann eine Umfrage durchführen. Doch ist es ein anderes Paar Schuhe, zu wissen, wie man es richtig macht.

Was kommt als nächstes? Fortschritt und Komplexität

Vor hundert Jahren existierte die Psychologie so, wie wir sie heute kennen, so gut wie gar nicht. In allen Bereichen des Fachs hat es große Fortschritte gegeben, und diese Fortschritte werden nicht die letzten gewesen sein. Heute wissen wir zum Beispiel ziemlich genau, dass wir unsere Erfahrung der Welt und unser Verständnis davon, was dabei passiert, zu einem großen Teil selbst konstruieren. Wir benutzen unsere Fähigkeiten zu Wahrnehmung, Aufmerksamkeit, Lernen und Gedächtnis nicht, um eine passive Widerspiegelung der Außenwelt zu erhalten. Die Prozesse unseres Denkens und Fühlens sind weitaus aktiver, als die

Psychologen annahmen, die damit begannen, ihre Strukturen und Funktionen festzuhalten. Unser Bewusstsein ist über die Jahrtausende durch evolutionäre Anpassungsprozesse zu dem geformt worden, was es heute ist. Psychologen haben es uns ermöglicht, die Grundlagen des Ablaufs der Bewusstseinsvorgänge zu verstehen. Sie haben geholfen zu verstehen, warum sie auf diese Weise ablaufen. Psychologen beantworten jedoch nicht nur Fragen, sondern ihre Ergebnisse werfen auch immer wieder neue auf. Wenn das Gedächtnis wirklich etwas Aktives und kein Speicher ist, wie verstehen wir dann seine Dynamik? Warum benutzen intelligente Wesen so viele unlogische Arten des Denkens und Argumentierens? Können wir diese simulieren, um Maschinen mit künstlicher Intelligenz zu bauen, die überwältigende Mengen an Informationen verarbeiten könnten – ein Gehirn soll aus einer Trillion beweglicher Teile bestehen – und uns auch helfen würden, andere, menschlichere Aspekte des Geisteslebens zu verstehen? Wie können wir lernen, die Prozesse, die beim kreativen oder nonverbalen Denken und Kommunizieren eine Rolle spielen, zu verstehen? Wie genau sehen die Beziehungen zwischen Sprache und Denken, zwischen Gedanken und Gefühlen aus? Wie ändern Menschen ihre Meinung? Oder wie verändern sie veraltete oder hinderliche Denkmuster? Wir wissen, dass die Antworten zu diesen und vielen anderen Fragen komplex sein werden, denn sehr viele verschiedene Faktoren beeinflussen psychologische Aspekte des Verhaltens. Doch mit der Entwicklung zunehmend effektiver Forschungs- und Analysetechniken und der Aussortierung von irrelevanten durch relevante Variablen kommen wir den Antworten immer näher.

Ein überraschend großer Anteil der Arbeit von Psychologen ist durch soziale und politische Probleme angeregt worden. Im Zweiten Weltkrieg, als die Armeen bessere Methoden zur Rekrutierung und Auswahl brauchten, wurden zum Beispiel enorme Fortschritte in Bezug auf das Verstehen und Messen von Intelligenz und bestimmter Persönlichkeitstypen gemacht. Das Verhalten der Menschen in Kriegszeiten führte zu Milgrams berühmten Studien über Gehorsam. Schlimme soziale Zustände in Großstädten bildeten den Hintergrund für das Head Start-Projekt, von dem wir lernen, wie soziale Benachteiligungen in früher Kindheit kompensiert werden können. Wirtschaftliche und politische Kulturen, die sich noch in der Entwicklung befinden, bilden den Hintergrund für Untersuchungen zu Führungskraft, Teamarbeit und bestimmten Zielsetzungen. Der Zusammenbruch des amerikanischen Energiekonzerns Enron im Jahr 2001 (bis dahin der größte Bankrott in der amerikanischen Geschichte) löste eine Reihe von Studien zum Problem der Unehrlichkeit aus. Offensichtliche soziale Spannungen haben es dringend erforderlich gemacht, mehr über Vorurteile und über den Umgang mit Sorgen und Nöten des modernen Lebens zu lernen. Nach Aufständen in London im Jahr 2011 untersuchten Forscher die Auswirkungen sozialer Netzwerke (neben weiteren Variablen) auf die Einstellung und das Verhalten von Menschenmassen und konnten dadurch mehr über die Motivation und das spontane Verhalten unterschiedlicher beteiligter Untergruppen herausfinden. Es ist wahrscheinlich, dass die Weiterentwicklung der Psychologie im 21. Jahrhundert von den Problemen in Umwelt und Gesellschaft beeinflusst werden wird. Heute arbeiten Psychologen mit anderen zusammen, die an der kognitiven Neurowissenschaft interessiert sind, um herauszufinden, wie das Gehirn wirklich funktioniert. Doch in den frühen Stadien der Forschungsarbeit scheint jeder Durchbruch auch weiterhin mehr Fragen aufzuwerfen als Antworten zu liefern. Das Ergebnis der Forschung liegt oft darin, die Fragestellungen, die zukünftige Hypothesen leiten werden, zu verfeinern.

Gegenwärtig ist die Psychologie weitaus vielseitiger und auch wissenschaftlich fundierter als noch vor fünfzig Jahren. Ihre Komplexität könnte bedeuten, dass sie sich nie zu einer Wissenschaft mit einem einzigen Paradigma entwickelt, sondern weiterhin ein Verständnis geistig-seelischer Prozesse aus vielen verschiedenen Blickwinkeln liefert – sei es kognitiv oder behavioristisch, psychophysiologisch, biologisch oder sozial fundiert. Wie bei jeder anderen Disziplin gibt es sowohl Konsens als auch widersprüchliche Theorien. Diese Tatsache macht die Arbeit in dieser Disziplin so faszinierend. Die eher experimentellen und die eher humanistischen Zweige der Psychologie haben sich vor langem voneinander getrennt und größtenteils unabhängig voneinander entwickelt. Eine der vielleicht spannendsten Herausforderungen für Psychologen in der Gegenwart besteht darin, die Ergebnisse einiger dieser verschiedenen Spezialisierungen zusammenzuführen. Diese Bemühungen haben zur Entwicklung einer »Wissenschaft vom Erkennen« beigetragen, in denen nicht nur Psychologen, sondern Wissenschaftler aus vielen verschiedenen Bereichen zusammenarbeiten, um unser Verständnis der Bewusstseinsfunktionen – von Gehirn und Verhaltensweisen – zu vertiefen. Psychologen waren schon immer an der biologischen Grundlage des menschlichen Lebens und Verhaltens interessiert und tragen heute zu einem wachsenden Verständnis der Wechselbeziehungen zwischen der Genetik *und* der Umwelt der Menschen bei: Es geht um die Erbe-Umwelt-Kontroverse.

Die enge Zusammenarbeit von in der Forschung tätigen Psychologen und ihren Kollegen in angewandten Tätigkeitsbereichen eröffnet aufregende neue Möglichkeiten. Hier sollen zwei genannt werden: Fortschritte in dem Verständnis, wie Erinnerungen an belastende oder traumatische Ereignisse verschlüsselt und gespeichert werden, führten zu Fortschritten bei den Versuchen, die Frage zu beatworten, wie Leiden wie eine posttraumatische Belastungsstörung durch psychologische Intervention gelindert werden können. Behauptungen, die früher nicht überprüfbar waren, können nun deshalb untersucht werden, weil verschiedene Zweige der Psychologie enger zusammenarbeiten und sich gegenseitig austauschen. Zweitens zeigt die Forschung zu den bestimmenden Faktoren von Ehrlichkeit und Unehrlichkeit, dass Betrug potentiell reduziert werden kann, indem man Menschen zum Zeitpunkt der Versuchung an moralische Standards erinnert. Verschiedene solcher Mahnungen wurden von Ariely und seinen Kollegen getestet, darunter auch, dass der Betroffene versuchen solle, sich an die zehn Gebote zu erinnern, einen Ehrenkodex zu unterzeichnen oder ein Formular zu Beginn, also noch bevor er das Erforderliche ausgefüllt hat, oben zu unterzeichnen, anstatt die Unterschrift danach ans Ende zu setzen. All diese Methoden führten zu einem Rückgang unehrlicher Berichte und zeigen Möglichkeiten auf, wie Betrügen bei wissenschaftlichen Tests, Steuerhinterziehung, Versicherungsbetrug und sogar die falsche Angabe von angeblich gewonnenen Punkten beim Golf reduziert werden können. Zweifellos werden zukünftige Forschungen ebenso viele Fragen aufwerfen, wie sie Antworten zu geben in der Lage sind. Ebenso fraglos wird die Psychologie weiterhin viele Menschen faszinieren – sowohl jene, die sie nur von ihren eigenen Erfahrungen her kennen, als auch jene, die sie zu ihrem Beruf gewählt haben.

Zu dieser Ausgabe

Grundlage für diese Übersetzung ist die folgende Ausgabe:

> Gillian Butler / Freda McManus: Psychology. A Very Short Introduction. Oxford / New York: Oxford University Press, [2]2014.

Psychology: A Very Short Introduction, Second Edition was originally published in English in 2014. This translation is published by arrangement with Oxford University Press. Philipp Reclam jun. Verlag GmbH is solely responsible for this translation from the original work and Oxford University Press shall have no liability for any errors, omissions or inaccuracies or ambiguities in such translation or for any losses caused by reliance thereon.

Psychologie: A Very Short Introduction, Second Edition wurde ursprünglich 2014 auf Englisch publiziert. Die Übersetzung erscheint mit Genehmigung von Oxford University Press. Philipp Reclam jun. Verlag GmbH trägt die alleinige Verantwortung für diese Übersetzung, und Oxford University Press übernimmt keine Haftung für etwaige Fehler, Auslassungen, Ungenauigkeiten oder Unklarheiten der Übersetzung.

Literaturhinweise

Kapitel 1

James, W.: The Principles of Psychology. Bd. 1. New York 1950 ([1]1890).

Kapitel 2

Bruner, J. S. / Minturn, A. L.: Perceptual Identification and Perceptual Organization. In: Journal of General Psychology 53 (1995) S. 21–31.
Sacks, O.: The Man Who Mistook His Wife for a Hat. London 1985 [dt.: Der Mann, der seine Frau mit einem Hut verwechselte. Reinbek bei Hamburg [29]2008].

Kapitel 3

Bandura, A. / Walters, R. H.: Social Learning and Personality Development. Orlando 1963.
Bartlett, F. C.: Remembering. Cambridge 1932.
Luria, A. R.: The Mind of a Mnemonist. Übers. von L. Soltaroff. New York 1968.
Maguire, E. A. / Wollett, K. / Spiers, H. J.: London Taxi Drivers and Bus Drivers. A Structural MRI and Neuropsychological Analysis. In: Hippocampus 16 (2006) S. 1091–1101.
Wollett, K. / Maguire, E. A.: Acquiring ›the Knowledge‹ of London's Layout Drives Structural Brain Changes. In: Current Biology 21 (2011) S. 2109–14.

Kapitel 4

Bateson, M. / Nettle, D. / Roberts, G.: Cues of Being Watched Enhance Co-Operation in a Real World Setting. In: Biology Letters 2 (2006) S. 412–414.

Ernest-Jones, M. / Nettle, D. / Bateson, M.: Effects of Eye Images on Everyday Cooperative Behaviour. A Field Experiment. In: Evolution and Human Behavior 32 (2011) S. 172–178.

Evans, J. St. B. T.: Bias in Human Reasoning. Hove 1989.

Levine, M.: Hypothesis Theory and Non-Learning Despite Ideal S-R Reinforcement Contingencies. In: Psychological Review 78 (1971) S. 130–140.

Miura, I. T. / Okamoto, Y. / Kim, C.-C. / Chang, C.-M. [u. a.]: Comparisons of Children's Representation of Number: China, France, Japan, Korea, Sweden and the United States. In: International Journal of Behavioral Development 17 (1994) S. 401–411.

Kapitel 5

Latham, G. P. / Yukl, G. A.: Assigned Versus Participative Goal Setting with Educated and Uneducated Woods Workers. In: Journal of Applied Psychology 60 (1975) S. 299–302.

Maslow, A. H.: Motivation and Personality. New York 1954 [dt.: Motivation und Persönlichkeit. Reinbek bei Hamburg [11]1981].

Miller, G.: Psychology: The Science of Mental Life. Harmondsworth 1967.

Ornstein, R.: The Evolution of Consciousness: The Origins of the Way We Think. New York 1991 [dt.: Die Evolution des Bewußtseins. Ursprünge und Perspektiven. Freiburg 1996].

Schachter, S. / Singer, J. R.: Cognitive, Social and Physiological Determinants of Emotional State. In: Psychological Review 69 (1962) S. 379–399.

Kapitel 6

Bowlby, J.: Maternal Care and Mental Health. Genf 1951 (World Health Organization Monograph Series, Nr. 2). Neuaufl. New York 1966.

Erikson, E. H.: Identity, Youth and Crisis. New York 1968 [dt.: Jugend und Krise. Die Psychodynamik im sozialen Wandel. Stuttgart 52003].

Harlow, H. F.: The Nature of Love. In: American Psychologist 13 (1958) S. 673–685.

McCrink, K. / Wynn, K.: Large-Number Addition and Subtraction by 9-Month-Old Infants. In: Psychological Science 15 (2004) H. 11. S. 776–781.

Starkey, P. / Spelke, E. S. / Gelman, R.: Numerical Abstraction by Human Infants. In: Cognition 36 (1990) S. 97–128.

Kapitel 7

Cattell, R. B.: Theory of Fluid and Crystallized Intelligence: A Critical Experiment. In: Journal of Educational Psychology 54 (1963) S. 1–22.

Eysenck, H. J.: Fact and Fiction in Psychology. Harmondsworth 1965.

Kapitel 8

American Psychiatric Association: Diagnostic and Statistical Manual of Mental Disorders. Washington 41994.

Kapitel 9

Aronson, E. / Osherow, N.: Co-Operation, Pro-Social Behaviour and Academic Performance: Experiments in the Desegregated Classroom. In: Applied Social Psychology Annual 1 (1980) S. 163–196.

Milgram, S.: Obedience to Authority: An Experimental View. New York 1974 [dt.: Das Milgram-Experiment. Zur Gehorsamsbereitschaft gegenüber Autorität. Reinbek bei Hamburg [11]2007].
Sherif, M. [u. a.]: Intergroup Conflict and Co-Operation: The Robbers' Cave Experiment. Oklahoma City 1961.

Hinweise auf weiterführende Literatur

1. Zur Einführung

Diese einführenden Texte sind für jene – Studenten und andere –, die sich für Psychologie interessieren. Die meisten bieten einen allgemeinen Überblick. Das Buch von Richard Gross über *Key Studies in Psychology* wird empfohlen, weil es detaillierte Zusammenfassungen von fünfunddreißig Artikeln enthält. Diese vermitteln den Lesern einen direkten Eindruck von dem wissenschaftlichen Material, auf dem die Psychologie aufbaut, und von den Aufregungen, die mit dem Vorgang des Entdeckens einhergehen. Ähnlich aufgebaut ist (in deutscher Sprache) der Sammelband von Roland Asanger.

Asanger, R. / Wenninger, G. (Hrsg.): Handwörterbuch Psychologie. Neuaufl. Weinheim 2009.
Eysenck, M. W.: Perspectives on Psychology. Hove 1994.
Gross, R. D.: Key Studies in Psychology. London [6]2012.
Hayes, N.: Teach Yourself Psychology. London/Lincolnwood 2010.
Wade, C. / Tavris, C.: Psychology in Perspective. New York [4]2013.

2. Fachbücher nicht nur für Studenten der Psychologie

Die folgenden Fachbücher führen tiefer in die Hauptbereiche der Psychologie ein.

Atkinson, R. L. [u. a.]: Introduction to Psychology. Orlando [16]2014.
Bowlby, J.: Attachment and Loss. Bd. 1. London [2]1997.

Butterworth, G. / Harris, M.: Principles of Developmental Psychology. 2., durchges. Aufl. Hove 1997.
Coolican, H. [u. a.]: Applied Psychology. London ²2007.
Erikson, E. H.: Identität und Lebenszyklus. Drei Aufsätze. Frankfurt a. M. ³⁰2021.
Eysenck, M. W.: Principles of Cognitive Psychology. Hove ⁸2020.
Fiedler, P.: Persönlichkeitsstörungen. 6., überarb. Aufl. Weinheim 2007.
– Dissoziative Störungen und Konversion. Trauma und Traumabehandlung. 3., überarb. Aufl. Weinheim 2008.
Fischer, G. / Riedesser, P.: Lehrbuch der Psychotraumatologie. 4., aktual. und erw. Aufl. München/Basel 2009.
Gleitman, H.: Psychology. New York ⁸2010.
Green, D. W. [u. a.]: Cognitive Science: An Introduction. Oxford 1996.
Groeger, J. A.: Memory and Remembering. Edinburgh 1997.
Gross, R. D.: Psychology: The Science of Mind and Behaviour. London ⁸2020.
Kalat, J. W.: Biological Psychology. Pacific Grove ¹⁰2009.
Lord, C. G.: Social Psychology. Orlando 1997.
Oatley, K. / Jenkins, J. M.: Understanding Emotions. Oxford ²2006.
Schaffer, H. R.: Social Development. Oxford 1996.
Sternberg, R. J.: Cognitive Psychology. Orlando ⁵2008.
Storr, A.: The Art of Psychotherapy. London ²1999.
Wade, C. / Tavris, C.: Psychology. New York ¹²2016.
Weiskrantz, L.: Consciousness Lost and Found. Oxford ⁶2010.
Westen, D.: Psychology: Mind, Brain and Culture. New York 1996.

3. Bücher für allgemein an Psychologie interessierte Leser

Die Psychologie hat schon immer allgemeines Interesse gefunden. Es gibt viele ausgezeichnete Bücher, die das Gebiet zugänglich und interessant machen etwa für jene, die etwas darüber wissen möchten, wie unser Gehirn funktioniert. Die hier aufgezählten wurden deshalb gewählt, weil sie gut lesbar, nützlich oder von besonderem Interesse sind.

Baddeley, A.: Your Memory: A User's Guide. London [3]1996.
Butler, G. / Hope, T.: Manage Your Mind: The Mental Fitness Guide. Oxford [2]2007.
Chabris, Chr. / Simons, D.: Der unsichtbare Gorilla. Wie unser Gehirn sich täuschen lässt. München 2011.
Fiedler, P.: Stalking. Opfer, Täter, Prävention, Behandlung. Weinheim 2006.
– Sexualität. Stuttgart 2010.
Frankl, V.: Der Mensch vor der Frage nach dem Sinn. München [29]2017.
Goleman, D.: Emotionale Intelligenz (EQ). München [21]2009.
Gregory, R. L.: Auge und Gehirn: Psychologie des Sehens. Reinbek bei Hamburg 2001.
Heise, J.: Freud. Stuttgart 2010.
Hermann, J. L.: Die Narben der Gewalt. Traumatische Erfahrungen verstehen und überwinden. München [5]2018.
Hüther, G.: Biologie der Angst. Wie aus Stress Gefühle werden. Göttingen [13]2018.
Kegan, R.: Entwicklungsstufen des Selbst. Fortschritte und Krisen im menschlichen Leben. München [5]2008.
Kotre, J.: Strom der Erinnerung. Wie das Gedächtnis Lebensgeschichten schreibt. München 1998.
Lorenz, K.: Das sogenannte Böse. Zur Naturgeschichte der Aggression. München [21]1998.
Luria, A. R.: The Mind of the Mnemonist. Übers. von L. Soltaroff. New York 1968.
Milgram, S.: Das Milgram-Experiment. Zur Gehorsamsbereitschaft gegenüber Autorität. Reinbek bei Hamburg [11]1997.
Myers, D. G.: The Pursuit of Happiness. New York 1992.
Ornstein, R.: Die Evolution des Bewußtseins. Ursprünge und Perspektiven. Freiburg 1996.
O'Shea, M.: Das Gehirn. Eine Einführung. Stuttgart 2008.
Riemann, F.: Grundformen der Angst. Eine tiefenpsychologische Studie. München [39]2009.
Sacks, O.: Der Mann, der seine Frau mit einem Hut verwechselte. Reinbek bei Hamburg [29]2008.

Sutherland, S.: Irrationality: The Enemy Within. Harmondsworth 1992.
Winnicott, D. W.: Reifungsprozesse und fördernde Umwelt. Studien zur Theorie der emotionalen Entwicklung. Gießen 2006.

4. *Nachschlagewerke*

Benesch, H.: Enzyklopädisches Wörterbuch Klinische Psychologie und Psychotherapie. Weinheim 1995.
Fröhlich, W. D. (Hrsg.): dtv-Wörterbuch zur Psychologie. München [23]2000.
Städtler, T.: Lexikon der Psychologie. Wörterbuch, Handbuch, Studienbuch. Stuttgart 1998.
Wendt, G. / Jordan, S.: Lexikon Psychologie. Hundert Grundbegriffe. Stuttgart [2]2010.

Abbildungsnachweis

S. 9: William James (1842–1910).
S. 17: Bereiche, die in der Kognitionswissenschaft mitwirken.
S. 26: Necker'scher Würfel.
S. 27: Die Stimmgabel des Teufels.
S. 32: Rubin'scher Becher.
S. 33: Erst sehen wir H, dann S.
S. 35: Die Domino-Illusion.
S. 42: Paris Stadt der Liebe.
S. 53: »Mensch, den haben wir aber gut konditioniert …« Operantes Konditionieren aus anderer Perspektive. – © Randy Taylor.
S. 92 f.: Die Aktivität in Nervenzellen.
S. 100: Deutlich erkennbare Primäremotion (Foto eines Wasserspeiers an einem College in Oxford). – © Oxford Picture Library / Chris Andrews.
S. 118: Bindungsverhalten bei Affen. – © Harlow Primate Laboratory, University of Wisconsin.
S. 136: »Du kannst keine Hütte bauen …«. – © 1999 Sidney Harris.
S. 137: Intelligenztest.
S. 145: Eysencks Persönlichkeitstypen.
S. 168 f.: KVT: Eine andere Sicht der Dinge.
S. 179: Widerstand gegen die mehrheitliche Meinung. – © William Vandivert.
S. 184: Das Milgram-Experiment über Gehorsam. Aus dem Film *Obedience*. – © Stanley Milgram. Vertrieb: Penn State Media Sales.

Danksagung

Für die Hilfe bei der Fertigstellung dieses Buches sind wir vielen Menschen zu Dank verpflichtet. Gespräche mit Patienten, Studenten, Kollegen, Freunden und Familienmitgliedern – sie alle haben geholfen, unseren Blick auf die Psychologie zu schärfen. Die vielen Fragen, die sie uns stellten, veranlassten uns, den Schwerpunkt auf Aspekte der Psychologie zu setzen, die von allgemeinem Interesse zu sein scheinen. Auch wurden wir zu Antworten angeregt, die das Faszinierende an der Psychologie als einer sich weiterentwickelnden Wissenschaft zeigen, die eine rasch ansteigende Flut von Fakten erklären und die relativ einfach dargelegt und veranschaulicht werden können. Wir mussten zwangsläufig große Bereiche unerörtert lassen oder konnten sie lediglich andeuten. Wir sind all jenen dankbar, deren Wissbegierde uns half, Richtungen einzuschlagen, die sie interessant fanden.

Besonders danken möchten wir unseren ersten Lehrern in der Psychologie dafür, dass sie uns eine bleibende Begeisterung für das Fach vermittelten, und all jenen, deren Einführungsbücher in verschiedenste Aspekte der Psychologie uns halfen, anderen das Fach zugänglicher zu machen. Einige ihrer Veröffentlichungen sind in die Literaturhinweise am Ende des Buches aufgenommen worden.

Ohne die Unterstützung und sachkundigen Kommentare von George Miller von der Oxford University Press hätte das Buch nicht seine jetzige Form erhalten. Es ist uns eine Freude, für die Hilfe, die er uns gegeben hat, und seine Mitarbeit an dem gesamten Projekt unsere Anerkennung und unseren Dank auszusprechen.

Personen- und Sachregister